Buchhaltung und Abschluß

Eine Einführung

Paul Möllers, *1929, Diplom-Kaufmann, Dr. rer. pol., Akademischer Oberrat an der Ruhr-Universität, Bochum, Fakultät für Wirtschaftswissenschaft. Arbeiten in Lehre und Forschung zum betrieblichen Rechnungswesen und zur elektronischen Datenverarbeitung.

Paul Möllers

Buchhaltung und Abschluß

Eine Einführung

2. überarbeitete Auflage

Physica-Verlag Heidelberg

Dipl.-Kfm. Dr. Paul Möllers
Fakultät für Wirtschaftswissenschaft
Ruhr-Universität
Postfach 102148
D-4630 Bochum 1

ISBN-13: 978-3-7908-0380-8

CIP-Kurztitelaufnahme der Deutschen Bibliothek
Möllers, Paul: Buchhaltung und Abschluss : e. Einf. / Paul Möllers. – 2., überarb. Aufl. – Heidelberg : Physica-Verl., 1987.
(Physica-Paperback)
ISBN-13: 978-3-7908-0380-8 e-ISBN-13: 978-3-642-48191-8
DOI: 10.1007/978-3-642-48191-8

7120/7130 - 543210

Hinweise zur Arbeit mit diesem Buch

Sie können drei Ziele erreichen, wenn Sie mit diesem Buch arbeiten, es also nicht nur flüchtig durchblättern. Die drei Ziele bauen aufeinander auf:

Erstens können Sie einen Überblick darüber erhalten, was man mit den Worten „Finanzbuchhaltung", „Geschäftsbuchhaltung" oder einfach „Buchhaltung" zu umschreiben versucht. Vorgänge des betrieblichen Alltags können Sie danach buchen und schon einen einfachen Abschluß erstellen. Wenn Sie nicht mehr erreichen wollen, genügt es, den ersten Teil, „Einführung und Überblick" durchzuarbeiten.

Zweitens können Sie einen vollständigen Einblick in alle Phasen der Buchhaltung und des Jahresabschlusses erhalten. Diesen Einblick gewinnen Sie, wenn Sie den zweiten Teil, die „Vertiefung" durcharbeiten. Danach verstehen Sie die Zusammenhänge. Danach können Sie auch einen Jahresabschluß lesen. Ausgespart sind aber immer noch alle Fragen der Bewertung, der Bilanz- und Steuerpolitik. Ehe Sie sich solchen Fragen zuwenden, müssen Sie aber den zweiten Teil dieses Buches vollständig verstanden haben.

Drittens erhalten Sie einen ersten Eindruck der Buchungspraxis im Betrieb und der Bewertungsprobleme, wenn Sie den dritten Teil durchlesen. Der dritte Teil wurde angefügt, weil es nach meiner Beobachtung auch den Anfänger nicht befriedigt, wenn er von der Buchhaltung nur den unumgänglichen formalen Teil lernt und begrenzte Fertigkeit im Formulieren von Buchungssätzen, im Buchen und im formalen Abschluß erwirbt. Der dritte Teil ersetzt nicht die Teile des Studiums, die an Hochschulen als „Jahresabschluß", „Handelsbilanzen" u.ä. bezeichnet werden.

Einheitlich für alle Teile des Buches gilt folgendes: Die eingeschalteten Tests und Übungsaufgaben sind zur Wiederholung und zur Übung unentbehrlich. Wer sie nicht bearbeitet, gewinnt allenfalls einen ersten Eindruck, wird aber schnell wieder vergessen. Wer sie selbständig bearbeitet hat, wird sich an diese Beispiele wieder erinnern und dann auch in seinen eigenen Aufzeichnungen schnell nachschlagen können. Positive oder negative Erfahrungen mit dieser Arbeitstechnik könnte der Verfasser aus vielen Gesprächen mit Studenten berichten, die nach der regelmäßig geschriebenen Abschlußklausur den Ursachen ihres guten, ihres relativen oder ihres ausgebliebenen Erfolges nachgegangen sind.

Fragen der Buchungstechnik werden erst im Anhang behandelt, weil dazu vieles in den letzten Jahren durch den Fortschritt der elektronischen Datenverarbeitung verändert wurde. Sie sind auch zweitrangig gegenüber den Fragen zum Verständnis des Grundsätzlichen und den Buchungsverfahren.

Die empfohlenen und in allen Beispielen und Musterlösungen gezeigten Einzelheiten des Verfahrens lassen sich so kennzeichnen:

- Einheitliche und immer wiederkehrende Formulare für das Journal, die Konten und die Abschlußübersicht
- Verwenden eines Kontenplans und Gebrauch von Kontennummern
- Einteilung des Kontenplans in Anlehnung an die Positionen, die für den Abschluß eines großen prüfungspflichtigen Unternehmens im Sinne des HGB vorgesehen sind.

Das HGB wird in diesem Buch in der Fassung zitiert, die 1985 Gesetz wurde. Der erste Teil beginnt mit einem kurzen Rückblick auf die Entwicklung der Buchhaltung. Es folgt eine Klärung der notwendigen Begriffe. Danach wird über drei Monate hinweg das Geschehen in einem Kleinbetrieb verfolgt und in der Buchhaltung protokolliert. Regelmäßig wird ein Monatsabschluß erstellt, so daß Sie danach schon einen ersten Überblick gewonnen haben.

Zur 2. Auflage

Es wurde die endgültige Fassung des Bilanz-Richtliniengesetzes (1985) berücksichtigt.

Die Übungsaufgaben wurden nach den Erfahrungen ergänzt und geändert, die meine Hörer in den letzten Jahren sammelten. Ich danke ihnen für ihre Anregungen.

Bochum, im Juni 1987 Paul Möllers

Inhaltsverzeichnis

Verzeichnis der Abbildungen

Erster Teil: Einführung und Überblick

1 Grundlagen

1.1 Zur Geschichte des betrieblichen Rechnungswesens

„Welche Vorteile gewährt die doppelte Buchhaltung dem Kaufmann! Es ist eine der schönsten Erfindungen des menschlichen Geistes ...“ läßt Goethe eine seiner Romanfiguren sagen (Wilhelm Meisters Lehrjahre, 1. Buch, 10. Kap.).

„Das Buchhalten ... ist ein ... artliche, ordentliche, richtige, kurzweilige, schöne ... Kunst ...“ schreibt der wohl einzige Buchhalter, der außerhalb seiner Gilde bekannt geworden ist. Dies ist Matthäus Schwarz, der Buchhalter Jacob Fuggers des Reichen (Gaßmann/IdW, 1971).

„ ... zum Handel notwendige Sache ist, daß man ... ein guter Buchhalter sei“, behauptet der Verfasser des ersten Lehrbuchs zur Buchhaltung, das gedruckt wurde (Luca Pacioli, 1494).

Goethe meinte nicht, was er dem jungen Werner, Gegenstück zum kunstbeflissenen Wilhelm Meister, in den Mund legte; Werner wird nicht als kommender königlicher Kaufmann, sondern eher als naive Krämerseele charakterisiert. Matthäus Schwarz sagt gleich im nächsten Satz: „Aber solliche reichmachende Kunst wirt bey uns Teutschen wenig geliebt ..“. Der die doppelte Buchführung in seinem so benannten Buch beschreibende Schmalenbach wirft ihr vor, daß sie „einige senile Züge bekommt und Kratzfüße macht, wo ein einfaches Kopfnicken genügt“ (1950, S. 22).

Uneingeschränktes Lob oder gar helle Begeisterung wird man vergeblich suchen, weder bei Lernenden, noch bei Praktikern, Lehrenden oder halbwegs sachverständigen Außenstehenden (als den wir Goethe, aufgewachsen in der Kaufmannsstadt Frankfurt, durchaus ansehen können). Eines aber kann man feststellen: Seit mehr als 5000 Jahren finden sich Aufzeichnungen über Bestände und Verbrauch, seit mindestens 2000 Jahren Vorschriften der Obrigkeit und Handelsbräuche über systematische und formgerechte Aufzeichnungen. Dazu einige Stichworte:

Deuten wir die Texte über Josef von Ägypten sinngemäß, so können wir bei dem Berichteten von einem gut funktionierenden Rechnungswesen ausgehen: Den fünften Teil (Gen. 41,34) der Ernte in ganz Ägypten, also offensichtlich mehr als bisher, wird der Pharao kaum ohne Kontrollen und Aufzeichnungen bekommen haben. Die Speicher wurden dann schließlich so voll, „daß man aufhörte zu zählen, denn es gab kein Maß dafür“ (Gen. 41,49). Bis dahin hatte man also gezählt, und anschließend sicher das Ergebnis des Zählens auch schriftlich festgehalten.

Tontafeln der Sumerer, entstanden etwa 3500 v. Chr., Knoten auf mehrfarbigen Schnüren bei den Inkas („Quipus“), Papyri oder mit Wachs bestrichene Holztafeln werden als Aufzeichnungen über Lieferungen und Bestände von Brot, Wein oder Öl gedeutet; ob die Ägypter eine Art amerikanische Buchführung, die Inkas eine Variante doppelter Buchführung kannten, darüber streiten sich Gelehrte (Dieter Schneider, 1981, S. 93).Daß Cicero in einem Plädoyer vor Gericht die nicht ordungsmäßige Buchführung des Prozeßgegners seines Mandanten beanstandete, läßt sich dagegen genau belegen (Dieter Schneider, 1981, S.94).

Erste Anfänge einer halbwegs systematischen, möglicherweise schon doppelten Buchführung finden sich in den Büchern oberitalienischer Handelshäuser des 13. Jahrhunderts. Geheimwissenschaft hinsichtlich Systematik und Schreibweise (Verwendung arabischer statt römischer Ziffern) blieb alles wahrscheinlich bis zur ersten gedruckten Veröffentlichung Luca Paciolis 1494.

Dann allerdings setzt eine stürmische Entwicklung ein. Matthäus Schwarz reiste in jungen Jahren eigens nach Venedig, um die doppelte Buchführung kennenzulernen, fand sie allerdings bei seiner ersten Anstellung im Hause Fugger dort schon vor. Offensichtlich hatte Jacob Fugger sie von seinem ersten Aufenthalt in Venedig mitgebracht (Penndorf, S. 94).

Sicher wäre es reizvoll, der Frage nachzugehen, ob der erste deutsche multinationale Konzern der Neuzeit — also das Haus Fugger seit etwa 1500 — das erste Jahrzehnt seiner mehr als stürmischen Expansion ohne sein ausgebautes Rechnungswesen überhaupt überstanden hätte. Auf die Freude über den dadurch gewonnen Vorsprung vor der Konkurrenz könnte man die folgende Bemerkung des Matthäus Schwarz deuten: „... wissen auch nit wie inen geschehen ist." Im Satz davor hat er beschrieben, wie „etliche Kaufleute" die reichmachende Kunst des Buchhaltens vernachlässigen (Gaßmann/IdW, 1971).

Die Obrigkeit sah es ebenso, denn schon im Spätmittelalter wurden Vorschriften über Buchführung und Abschluß eingeführt, z.B. in Florenz um 1300, deutlicher in der Neuzeit z.B. 1564 in Nürnberg (bereits mit der Verpflichtung zu jährlicher Bestandsaufnahme), in Hamburg 1605. Das erste Handelsgesetzbuch für ein ganzes Land finden wir in Frankreich (Ordonnance de Commerce, 1673) mit eingehenden, offenbar aber schon vorher praktizierten Anweisungen für das Führen eines Journals und das Aufstellen eines Inventars im zweijährigen Rhythmus.

In Deutschland lassen sich als Gesetzeswerke mit größerer Bedeutung für das Rechnungswesen nennen:

— Das Allgemeine Preußische Landrecht (1794, mit Regeln zur Berechnung und Auszahlung des Periodengewinns von Handelsgesellschaften);
— Das Allgemeine Deutsche Handelsgesetzbuch (ADHGB), 1860—1862, mit ersten Bestimmungen zur Bewertung und Einführung des Begriffs „Beizulegender Wert", allerdings als Leerformel, weil sich Preußen und Österreicher nicht auf einen konkreten Wert einigen konnten;

- Die Aktiennovelle (zum ADHGB), 1884, mit konkreter gefaßten Bewertungsvorschriften;
- Das Handelsgesetzbuch für das damalige deutsche Reich, 1897, allerdings mit gegenüber dem ADHGB kaum veränderten Vorschriften zu Buchführung und Bilanz;
- Die Aktiennovelle 1931 mit Vorschriften zur Prüfung des Abschlusses;
- Das Aktiengesetz 1937 mit Bewertungsobergrenzen und Gliederungsvorschriften;
- Das Aktiengesetz 1965 mit einer starken Einschränkung der bis dahin erlaubten Möglichkeiten zur Unterbewertung des Vermögens und Überbewertung von Risiken u.a.
- Die 4. Richtlinie der Europäischen Gemeinschaft zur Vereinheitlichung des Rechnungswesens von 1978, umgesetzt in deutsches Recht durch das Bilanzrichtlinien-Gesetz (Verabschiedung 1985).

Stärker als diese Gesetze zum Handelsrecht haben sicher die Bestimmungen zur steuerrechtlichen Rechnungslegung gewirkt. Seit 1891 wurden die Aktiengesellschaften in Preußen nach ihrem im letzten Jahr erreichten Vermögenszuwachs statt nach Einnahmeüberschüssen besteuert. Der Vermögenszuwachs wurde durch Vergleich zweier aufeinanderfolgender Bilanzen ermittelt. Nach dem ersten Weltkrieg wurde eine entsprechende Regelung für praktisch alle Kaufleute durch die Abgabenordnung (AO) im Jahre 1931 eingeführt. Sie belegte das Nichtführen von Büchern und das Nichterstellen von Abschlüssen mit dem Entzug von Steuervergünstigungen und der Folge, daß der Gewinn i.d.R. recht großzügig zugunsten des Fiskus geschätzt wird. Das schon genannte Bilanzrichtlinien-Gesetz übernimmt weitgehend die Wahlrechte des Steuerrechts in das Handelsrecht; ein deutlicheres Zeichen für die praktische Vorherrschaft gegenüber dem nur rein begrifflich dominierenden Handelsrecht läßt sich kaum denken.

In jedem Betrieb gebe es Buchhaltung und Bilanz. Deshalb tue man im Interesse der eigenen beruflichen Karriere gut daran, von nun an gut aufzupassen. So enden fast alle einführenden Kapitel von Büchern und Vorlesungen zur Einführung in das betriebliche Rechnungswesen. — In Gustav Freytags Roman „Soll und Haben" nimmt außer der beruflichen Karriere auch das persönliche Schicksal des Helden eine gute Wendung, als zu Recht an seine Kenntnisse von Soll und Haben appelliert wird: Die jüngere Schwester und stille Teilhaberin seines Lehrherrn bittet den Helden des Romans (es ist schon lange heimlich auch ihrer) um die Prüfung ihres Gesellschafterkontos. Endlich begreift er —. Danach wird ein weiteres Gesellschafterkonto eröffnet und der bisherige Firmenname um ein „... & Co." ergänzt. Bei einem Hollywood-Film würde man von einem Happy-End sprechen.

Auch ohne so weitgehende Ziele sei allen Lesern Freude und Erfolg mit diesem Buch gewünscht!

Literaturempfehlungen zu Abschnitt 1.1

Über die Geschichte des Rechnungswesens informieren umfassend und zugleich kritisch mit vielen weiteren Quellenverweisen Gerhard Seicht (1982), S. 8–12 und Dieter Schneider (1981), S. 93–106 und 405–458.

Die wesentlichen gesetzlichen Bestimmungen finden sich im Handelsgesetzbuch (HGB), §§ 238–289 und in der Abgabenordnung (AO), §§ 140 bis 148 sowie im Einkommenssteuergesetz (EStG), §§ 5 und 6.

Zur Geschichte des Hauses Fugger unter Jacob dem Reichen gibt es ein Taschenbuch mit dem reißerischen (aber nicht ganz unberechtigt gewählten) Titel „Kauf dir einen Kaiser". (Ogger, Günter, Knaur Bestseller, 1978, 7,80 DM).

Die weiteren zitierten Werke wären eine gute Ergänzung (Penndorf, Schmalenbach, Schneider); die o.a. Quellen sind jedoch geeigneter für den Anfänger.

Der letzte Abschnitt schloß mit dem Wunsch für Freude und Erfolg mit diesem Buch. Vor diesen haben die Götter angeblich den Schweiß gesetzt. Vor beides in einem Lehrbuch setzt der Brauch der Wissenschaft das Kennenlernen der Grundbegriffe, die nun erläutert werden müssen.

Was das buchhalten sey.

Das buchhalten vergleicht sich ainem sparhafen vnd ist ein sollche werckliche, artliche, ordenliche, richtige, kurtzweilige, schöne vnd kurtz erdichte kunst fur die handtierungs leut, von den Italianern erfunden. Aber solliche reichmachende kunst wirt bey vns Teutschen wenig geliebt . . . . . etlich kaufleut seind zutreg vnd hinlessig, wollens im kopff tragen, trawen inen selbst zuuil, zaichnen ire handlungen in schlecht recordantzen vnd auf zedel, klaibens an die wänd vnd halten rechnung am fensterpret; ee das sie wöllen ein schlechten fleis, mühe vnd arbait brauchen, ee schlagend sie die handlung inn den wind vnd kundent ir sach nienderts zusamen reimen, muessen darauf am letsten entlauffen; wissen auch nit warin sie stecken, verderbent also, wissend nit wie inen geschehen ist.

Matthäus Schwarz (Elbinger Handschrift)

1.2 Begriffe

Die **Buchführung** soll erfolgte Zahlungen und entstandene Ansprüche auf Zahlung systematisch und in gebräuchlicher Form aufzeichnen.

Der **Jahresabschluß** soll einen Überblick über die Vermögens-, Finanz- und Ertragslage in vorgeschriebener Form vermitteln.

So könnte man formulieren, wenn man beide Begriffe nur aus dem Handelsgesetzbuch (HGB) ableiten wollte. Für das Führen der Bücher gibt es nur wenige ausdrücklich formulierte Vorschriften (§ 238 f. HGB), für den Abschluß dagegen mehr als 40 Paragraphen (§§ 240 – 289 HGB). Das HGB wird in diesem Buch immer in der Fassung zitiert, die nach dem Bilanzrichtlinien-Gesetz für große Kapitalgesellschaften gilt. Mittlere und kleine Kapitalgesellschaften, Personengesellschaften und Einzelkaufleute genießen Erleichterungen. Es ist jedoch zweckmäßig, wenn sie intern so buchen, wie es für große Kapitalgesellschaften erforderlich ist. Dann sind Vergleiche möglich. Soweit der Abschluß nach außen offengelegt werden muß, können die Zahlen der Buchhaltung zusammengefaßt werden.

Als **„Kaufmann"** oder **„Gewerbebetrieb"** bezeichnet das HGB im § 1 alle, die weder ein Handwerk noch einen Kleinbetrieb betreiben, aber

- mit Waren handeln,
- Waren be- oder verarbeiten, oder drucken,
- eines der Geschäfte „Versicherung", „Bank", „Kommission", Spedition, Lagerhaltung", „Beförderung", „Buchverlag" oder „Handelsvertretung/-maklerei" ausüben;

alle Handelsgesellschaften gehören dazu. Weitere Gruppen werden im HGB (§§ 2, 3, 5 und 7) genannt.

Diese rein gesetzestechnisch formulierten Begriffe sollen nun in den größeren Zusammenhang der **Wirtschaftswissenschaften** eingeordnet werden. Letztere befassen sich mit dem „Gebrauch von nur in begrenztem Umfang zur Verfügung stehenden Mitteln" (Sauermann, 1972, S. 17). wobei sich die **Betriebswirtschaftslehre** im Unterschied zur Volkswirtschaftslehre auf die einzelne Wirtschaftseinheit konzentriert. Wirtschaftseinheit kann sowohl ein Betrieb als auch ein Haushalt sein. Ein **Betrieb** hat, im Unterschied zum Haushalt, nicht nur marktmäßige Beziehungen nach außen (Leistung und Gegenleistung werden ausgehandelt), sondern auch nach innen; die in einem Betrieb Tätigen erhalten eine vereinbarte Gegenleistung, i.d.R. Geld, für ihre Arbeit (Dieter Schneider, 1981, S. 21f). Der Betrieb bezieht von außen Sachgüter und Dienstleistungen, kombiniert sie zu (wirtschaftlich, nicht unbedingt auch physikalisch) neuen, anderen Gütern und gibt diese nach außen ab. Die Außenwelt können wir in den Beschaffungs-, den Absatz- und den Kapitalmarkt einteilen sowie den Staat. Abb. 1 zeigt die Zusammenhänge: Auf der linken Seite finden wir den Beschaffungsmarkt, von dem der Betrieb

Arbeitsleistungen, Sachanlagen und Verbrauchsgüter erhält, die als **Produktionsfaktoren** im betrieblichen **Kombinationsprozeß** eingesetzt werden. Dessen Ergebnisse verlassen als **Produkte** den Betrieb. Er erhält dafür Zahlungen und leistet solche für erhaltene Produktionsfaktoren. Zusätzlich fließen Zahlungen aus dem Kapitalmarkt und evtl. auch vom Staat an den Betrieb und umgekehrt (Abb. 1 in Anlehnung an Busse von Colbe/Laßmann 1983, S. 18 und Möllers, 1983, S. 17).

Den Betrieb bezeichnen wir als **Unternehmung**, wenn er selbständig im System der Marktwirtschaft tätig ist und das Ziel der (allerdings nicht unbedingt kurzfristigen) Gewinnmaximierung hat (Gutenberg 1958, S. 188; 1979, S. 511 f.).

Dieser Begriff der Betriebswirtschaftstheorie deckt sich nicht völlig mit dem „Kaufmann"-Begriff des HGB. In der Theorie wird dafür der Begriff **„selbständiger Betrieb"** verwendet. Dieser Begriff ist der eindeutigste und zweckmäßigste. Im folgenden wird deshalb immer verkürzt **„Betrieb"** gesagt, wenn der selbständige Betrieb der Theorie bzw. der „Kaufmann" oder das „Unternehmen" des HGB gemeint sind. Abb. 1 zeigt alle wesentlichen Merkmale dazu. Das HGB spricht nicht, vereinfachend wie oben geschehen, von Zahlungen und Zahlungsansprüchen, sondern von **„Handelsgeschäften"** (§ 238 Abs. 1, Satz 1) oder – im unmittelbar darauf folgenden Satz 2 desselben Absatzes – von **„Geschäftsvorfällen"**. Gemeint sind in § 238 HGB nicht die im Dritten Buch des HGB geregelten, richtig als „Handelsgeschäfte" bezeichneten Verträge mit mindestens einer Vertragspartei, die Kaufmann im Sinne des HGB ist. Gemeint ist vielmehr die Änderung der „Lage seines" (des Kaufmanns) „Vermögens" (Baumbach-Duden 1968, S. 125). Der zunächst überraschende Wechsel des Wortes für denselben Begriff – in Satz 1 „Handelsgeschäfte", in Satz 2 „Geschäftsvorfälle – ist deshalb folgerichtig; beim Einfügen des Satzes 2 (1985, Einarbeitung der 4. Richtlinie der Europäischen Gemeinschaft in das HGB) waren die Begriffe deutlicher geklärt als bei der Formulierung des HGB von 1897 oder des ADHGB von 1861. Die genannten Änderungen des Vermögens treten dann ein, wenn der Betrieb Zahlungen erhält oder leistet, oder wenn er Zahlungsansprüche erwirbt oder solche gegen ihn entstehen. Dafür ist das Wort **„Geschäftsvorfall"** üblich; man könnte auch unmittelbar an die Ursache der Zahlung oder der Entstehung des Zahlungsanspruches anknüpfen, nämlich an den Übergang von Gütern zwischen Betrieb und Umwelt, oder der Verfügung über Güter. Man spricht dann auch von **Verfügungsgeschäften** (im Unterschied zu den reinen **Verpflichtungsgeschäften**, die nicht der Buchungspflicht gem. § 238 HGB unterliegen).

Das Entstehen einer Verpflichtung zur Zahlung, also einer **Verbindlichkeit**, seitens des Betriebes an Außenstehende wird als **Ausgabe** bezeichnet. Weil die Zahlungsverpflichtung i.d.R. nur eintritt, wenn der Betrieb etwas erhalten hat, sagt man auch: Ausgabe ist der Gegenwert des Gütereingangs. Dieses Gut, deutlicher: „wirtschaftliches Gut", kann ein Sachgut, ein Recht oder eine Dienstleistung sein. Ein **ökonomisches Gut** ist dadurch gekennzeichnet, daß es knapp (im Verhältnis zum Bedarf), zur Befriedigung von Bedürfnissen geeignet und verfügbar ist (Sauermann 1972, S. 41; Busse von Colbe/Laßmann 1983, S. 68 f.). Anders: das „Wirtschaftsgut" im Sinne des Steuerrechts.

Entsprechendes gilt für den Anspruch auf eine Zahlung, den ein Betrieb erwirbt, die **Einnahme**. Sie entsteht i.d.R. dann, wenn ein Gut vom Betrieb nach außen gegeben wird, weshalb die Einnahme auch als Gegenwert des Güterausgangs definiert werden kann.

Wenn Geld (in bar oder als jederzeit und sofort verfügbares Buchgeld auf einem Girokonto, z.B. Bank- oder Postgirokonto) eingeht, sprechen wir von einer **Einzahlung**; wenn Geld (in bar oder von einem Girokonto) gezahlt wird, sprechen wir von **Auszahlung**. Die Einzahlung kann man auch als Vermehrung des Bestandes an Bar- oder Buchgeld, die Auszahlung als Verminderung von Bar- oder Buchgeld bezeichnen (Erich Schneider 1968, S. 6 ff., der im Wortlaut etwas anders formuliert, vgl. dazu Möllers, 1987, S. 33 ff.).

Häufig werden Einnahmen nicht ausdrücklich von Einzahlungen, Ausgaben nicht von Auszahlung unterschieden, weil mit der Einnahme, wenn auch zeitlich verschieden, i.d.R. eine Einzahlung verbunden ist und mit der Ausgabe eine Auszahlung. Zweckmäßig ist es jedoch, für die Zahlungvorgänge ein eigenes Begriffspaar, unabhängig von dem für Güterbewegungen und das Entstehen von Zahlungsansprüchen zu benutzen, wie es außer Erich Schneider eine Reihe von Lehrbuchautoren tut (Busse von Colbe/Laßmann 1983, S. 177 ff., Huch 1981, S. 35 ff., Wöhe 1981 S. 873 ff. und viele andere).

Weil der Eingang von Gütern nicht mit ihrem — völligen oder teilweisen — Verbrauch im Betrieb gleichzusetzen ist, muß für den Verbrauch ein weiterer Begriff geprägt werden. Das ist der der (als „wertmäßig" bezeichneten) **Kosten**. Sie werden definiert als bewerteter Güterverbrauch (mit zwei weiteren hier nicht interessierenden Einschränkungen). Dieser Begriff gilt so allerdings nicht für die Buchhaltung, sondern nur für einen weiteren, hier nicht zu besprechenden Teil des betrieblichen Rechnungswesens, für die Kostenrechnung. Das Wort Kosten wird jedoch häufig, sowohl in der Umgangs- als auch in der Gesetzessprache dann gebraucht, wenn eine Ausgabe oder ein **Aufwand** gemeint ist. Aufwand liegt vor, wenn eine Ausgabe zu Lasten des Erfolges einer Rechnungsperiode gebucht wird. Das geschieht i.d.R. deshalb, weil ein Gut verzehrt oder verbraucht wurde bzw. an Wert verloren hat; u.U. wird jedoch ohne Verzehr/Verbrauch/Wertverlust ein Aufwand gebucht. Deshalb ist die Kurzdefinition „Aufwand ist periodisierte Ausgabe" zweckmäßig. Entsprechend wird eine periodisierte Einnahme als **Ertrag** bezeichnet.

Über die in § 238 HGB festgelegte Verpflichtung zur systematischen Aufzeichnung aller Geschäftsvorfälle hinaus wird der Kaufmann in § 242 zum **Jahresabschluß** verpflichtet. Was darunter zu verstehen ist, erläutern die §§ 242 ff.

HGB: Bilanz und Gewinn- und Verlustrechnung sowie ein ausführlich die Zahlen erläuternder Anhang bei Unternehmen, die ihren Jahresabschluß offenzulegen haben. Die **Bilanz** ist die Gegenüberstellung des Vermögens (der bewerteten Vermögensgegenstände bzw. Wirtschaftsgüter) einerseits, der Verbindlichkeiten (Schulden) und des Eigenkapitals andererseits. Die **Gewinn- und Verlustrechnung** (§ 275 HGB) ermittelt den **Erfolg** als Differenz aus **Erträgen** und **Aufwendungen.**

Betriebe können in den unterschiedlichsten Rechtsformen vorkommen, u.a. als

- Einzelkaufmann
- stille Gesellschaft
- Gesellschaft bürgerlichen Rechts (BGB-Gesellschaft)
- offene Handelsgesellschaft (OHG)
- Kommanditgesellschaft (KG)
- Gesellschaft mit beschränkter Haftung (GmbH)
- GmbH & Co. KG (Kombination von GmbH und KG)
- Aktiengesellschaft (AG)
- Kommanditgesellschaft auf Aktien (KGaA)
- Genossenschaft (eG)
- wirtschaftlicher Verein
- Stiftung
- Eigen- oder Regiebetriebe der öffentlichen Hand.

Zusätzlich zu den schon genannten Aufgaben hat der Jahresabschluß bei allen Betrieben mit mehr als einem am Ergebnis (Gewinn oder Verlust) zu Beteiligenden noch die Aufgabe, die Anteile jedes Beteiligten am Ergebnis zu ermitteln. Ferner soll der Jahresabschluß den nicht unmittelbar im Betrieb täglich mitentscheidenden Beteiligten den „Überblick über die Vermögens-, Finanz- und Ertragslage" geben können (§ 264 Abs. 2 HGB).

Die systematische Erfassung und Aufzeichnung von Geschäftsvorfällen wird als **Buchhaltung (Finanzbuchhaltung, Geschäftsbuchhaltung)** bezeichnet. Sie ist der erste Teil des betrieblichen Rechnungswesens, dessen weitere Teile wir hier nur kurz aufzählen können.

Abb. 1 zeigt den Betrieb lediglich mit seinen wesentlichen Beziehungen zur Umwelt und dem, was im Betrieb geschieht. Die dort erfolgende Kombination von Produktionsfaktoren mit dem Ziel der Erstellung von Produkten, also der Kombinationsprozeß, erfordert zur Planung, Steuerung und Kontrolle ebenfalls systematische Aufzeichnungen, wenn es sich nicht um ganz einfache Vorgänge oder kleinere Betriebe handelt. Wenn diese Aufzeichnungen über das reine Registrieren von Mengen hinausgehen und zusätzlich die Mengen in Werte umgewandelt werden, sprechen wir von der **Kostenrechnung.** Sie ist der zweite, in diesem Buch allerdings nicht behandelte Teil des **betrieblichen Rechnungswesens** (Möllers 1987, S. 19 ff.).

Neben den beiden Teilen Buchhaltung und Kostenrechnung (Kalkulation, Betriebsbuchhaltung) werden manchmal noch die Teile „Statistik“ und „Planung“ für das betriebliche Rechnungswesen genannt. Sie sind jedoch kaum systematisierbar, zudem auch nur in wenigen Betrieben so ausgebaut, daß man von eigenen Teilen des Rechnungswesens statt von fallweise vorgenommenen (und u.U. wieder eingestellten) Aufzeichnungen sprechen könnte.

Finanzbuchhaltung und Jahresabschluß werden auch unter dem Namen **externes Rechnungswesen** zusammengefaßt. Die Kostenrechnung im besonderen, streng genommen auch noch die Statistik und die Planung, bilden im Unterschied dazu dann das **interne Rechnungswesen**.

Die folgenden beiden Reihen zeigen die Vielfalt der Namen:

Buchhaltung	Kostenrechnung
Finanzbuchhaltung	Kosten- und Leistungsrechnung
Geschäftsbuchhaltung	Betriebsbuchhaltung
pagatorische Rechnung	kalkulatorische Rechnung
	Betriebsabrechnung
externes Rechnungswesen	internes Rechnungswesen

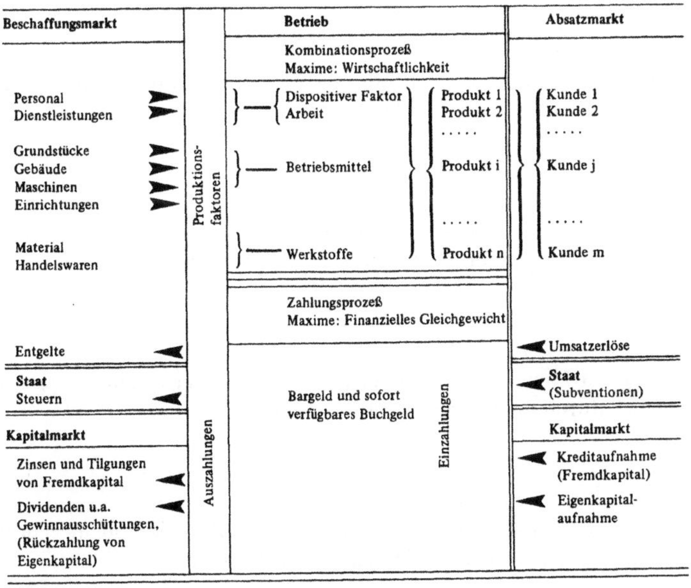

Abb. 1: Der Betrieb mit seinen Güter- und Geldströmen

Diese Abbildung ist entnommen aus: Möllers, Paul, Kosten- und Leistungsrechnung, 5. Aufl., Bochum 1987.

Zur Wiederholung dient nun ein Test.

Test zum Kapitel 1:

Unten steht eine Reihe von Kurzdefinitionen zu Begriffen, die Sie im ersten Kapitel kennengelernt haben. Tragen Sie den passenden Begriff auf die Linie oberhalb der Definition ein.

Aufzeichnungen über Zahlungen und Zahlungsansprüche, die ein Kaufmann in systematischer und gebräuchlicher Form führen muß.

Überblick über seine Vermögens-, Ertrags- und Finanzlage, die ein Kaufmann mindestens alle zwölf Monate einmal erstellen muß.

Teil der Wissenschaft, die sich mit dem Gebrauch von nur in begrenztem Umfang zur Verfügung stehenden Mitteln befaßt.

Wirtschaftseinheit, die marktmäßige Beziehungen sowohl nach außen als auch nach innen mit den in ihr arbeitenden Menschen hat.

Änderung der Lage seines Vermögens oder seiner Verbindlichkeiten die ein Kaufmann durch eine Buchung registrieren muß.

Sachgut oder Dienstleistung mit den Eigenschaften: knapp im Verhältnis zum Bedarf, geeignet zur Befriedigung von Bedürfnissen, verfügbar dafür.

Gegenwert des Gütereingangs

Gegenwert des Güterausgangs

Verminderung des Bestandes an Bar- oder sofort verfügbarem Buchgeld in einer Wirtschaftseinheit.

Vermehrung des Bestandes an Bar- oder sofort verfügbarem Buchgeld.

Zu Lasten des Erfolges einer Rechnungsperiode gebuchte Ausgabe.

Zugunsten des Erfolges einer Rechnungsperiode gebuchte Einnahme.

Gegenüberstellung der bewerteten Vermögensgegenstände eines Kaufmanns mit seinen Verbindlichkeiten und seinem Eigenkapital.

Gegenüberstellung der Aufwendungen und Erträge einer Rechnungsperiode sowie der Differenz aus beiden.

Verpflichtung des Betriebes/des Kaufmanns, an einen Dritten zu zahlen.

2 Die doppelte Buchhaltung als Rechen- und Gliederungsverfahren

2.1 Die Bilanz und die Bilanzgleichung

Wer Kaufmann im Sinne des HGB ist, „hat zu Beginn seines Handelsgewerbes ... einen sein Vermögen und das Verhältnis seines Vermögens und seiner Schulden darstellenden Abschluß (Eröffnungsbilanz, Bilanz) aufzustellen." (§ 242 HGB)

Das Wort „Bilanz" kommt aus dem Italienischen „bilanx libra", d.h. zweischalige Waage. Halten wir uns an das Bild einer solchen Waage und fügen wir die Forderung hinzu:

SIE MUSS IMMER IM GLEICHGEWICHT SEIN!

Dazu ein einfaches Beispiel:

Max Fleißig, stud. rer. oec., beschließt, seine Finanzen durch Gründung eines Buchvertriebs „Jedem jede Woche ein Klassiker!" aufzubessern. Sein Konzept: Restexemplare vom gleichnamigen Buchklub aufzukaufen und diese im „Direktvertrieb" an der Haustür durch Kommilitonen wieder verkaufen zu lassen. Der Buchklub hat ihm zugesagt, zunächst 50 Bände gegen $^{1}/_{5}$ Anzahlung bei 80% Nachlaß auf den ursprünglichen Klubpreis zu liefern. Fleißig bestimmt 100,— DM seines Bargeldes als Startkapital und stellt damit seine Eröffnungsbilanz gem. § 242 HGB auf.

(1)

Weil der Buchklub Zahlung durch Abbuchung von einem Bankkonto zur Bedingung macht und Fleißig ausrechnet, daß er für 50 Bände (ursprünglicher Buchklubpreis 20,— DM je Stück) 40,— DM Anzahlung leisten muß, richtet er ein eigenes Girokonto bei der Großbank AG ein und zahlt darauf 50,— DM ein.

Würde er zu diesem Zeitpunkt schon einen Abschluß gemäß § 242 (1) HGB aufstellen, so sähe die Bilanz so aus:

(2)

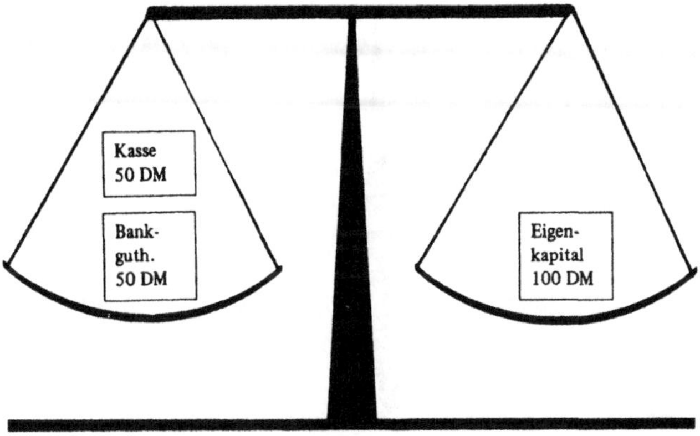

Die bilanx libra wäre nach wie vor im Gleichgewicht. Lediglich die linke Seite hätte ihre Zusammensetzung geändert.

Fleißig läßt sich jetzt vom Buchklub die 50 Bände zu je 20,– DM ./. 80% Nachlaß = 200,– DM liefern. Würde er sofort die gesamte Rechnung buchen und nicht erst abwarten, bis die Anzahlung von seinem Bankgirokonto abgebucht wird, so sähe seine Bilanz so aus:

(3)

Drei Tage darauf wird die Anzahlung von seinem Bankkonto abgebucht, also $^1/_5$ von 200,– DM = 40,– DM. Danach hat die Bilanz folgendes Aussehen:

(4)

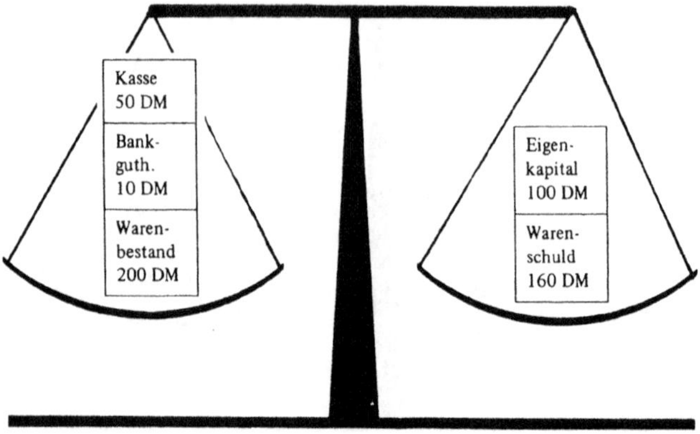

Nehmen wir jetzt an, Fleißig würde krank. Die Bücher müßten aber dennoch innerhalb von zwei Wochen bezahlt werden. Er vereinbart telefonisch mit seiner Bank (bei der er schon seit zwei Jahren ein Sparkonto unterhält), daß er sein neu eröffnetes Geschäftskonto bis zu 300,— DM überziehen darf. Er überweist dem Buchklub nun die restlichen 160,— DM, worauf seine Bilanz so aussieht:

(5)

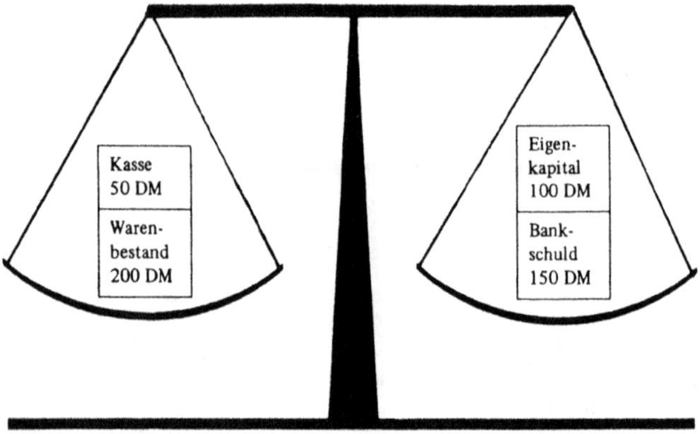

Diese Beispiele mögen genügen. Wir haben mit ihnen die wesentlichen Möglichkeiten der Veränderung einer Bilanz kennengelernt.

1) Eine Veränderung der linken Seite (Einzahlung von Bargeld auf ein Bankkonto); der Betrag wird in voller Höhe zum Bankguthaben.
2) Eine Veränderung beider Seiten, und zwar eine Erhöhung der Summe aller Beträge (Bücher wurden bezogen, aber noch nicht bezahlt).
3) Eine Veränderung beider Seiten, und zwar eine Verminderung der Summe aller Beträge (Warenschulden wurden bezahlt).

4) Eine Veränderung nur der rechten Seite, wobei die Summe aller Beträge gleich bleibt (aus Waren- werden Bankschulden).

Die linke Seite der Bilanz bezeichnet man als **Aktiv-**, die rechte Seite als **Passivseite**.

Addiert man die Beträge aller Posten der Aktivseite auf, so erhält man die **Bilanzsumme**. Wenn die Forderung für die Bilanzwaage „SIE MUSS IMMER IM GLEICHGEWICHT SEIN !" erfüllt ist, erhält man die Bilanzsumme auch, wenn man alle Beträge der Passivseite aufaddiert.

Wird durch eine Veränderung die Bilanzsumme höher, so liegt eine **Bilanzverlängerung** vor; wird die Bilanzsumme niedriger, so spricht man von einer **Bilanzverkürzung**.

Werden durch eine Veränderung lediglich zwei Posten der Aktivseite verändert — der eine wird erhöht, der andere durch diese Änderung um denselben Betrag verringert — so liegt ein **Aktivtausch** vor. Entsprechendes gilt für den **Passivtausch**.

Die Bilanzwaage (2) zeigt z.B. einen Aktivtausch: Durch die Einzahlung von 50,— DM Bargeld auf das Bankkonto wird letzteres erhöht; der Posten „Kasse" wird um denselben Betrag vermindert.

Die Bilanzwaage (3) zeigt eine Bilanzverlängerung, die Bilanzwaage (4) eine Bilanzverkürzung.

Jede Veränderung, ob Bilanzverlängerung, -verkürzung, ob Aktiv- oder Passivtausch, berührt bei unseren Beispielen zwei Posten. Fälle, bei denen mehr als zwei Posten verändert werden, lernen wir später kennen.

Wenn jede Änderung mindestens zwei Posten berührt und diese Änderung auch systematisch registriert werden soll, kann man auch sagen: Sie wird doppelt registriert. Deshalb spricht man auch von der **Doppelten Buchhaltung**. Die sogenannte „**Einfache Buchhaltung**", bei der man nur diejenigen Änderungen, die man für wichtig hält, registriert, spielt heute praktisch keine Rolle mehr. Wir vernachlässigen sie deshalb.

Wenn im folgenden von „Buchhaltung" oder „Buchführung" gesprochen wird, ist immer die Doppelte Buchhaltung gemeint.

Zur Wiederholung folgt nun eine Übungsaufgabe.

Übungsaufgabe zu Abschnitt 2.1

Übertragen Sie die Bilanzwaage (5) von Fleißig:

Verändern Sie jetzt die Waage durch untenstehende Vorgänge und notieren sie die Art der Änderung. Anworten Sie, wenn der Vorgang

– zur Bilanzverlängerung führt, mit 1
– zur Bilanzverkürzung führt, mit 2

– zum Aktivtausch führt, mit 3
– zum Passivtausch führt, mit 4

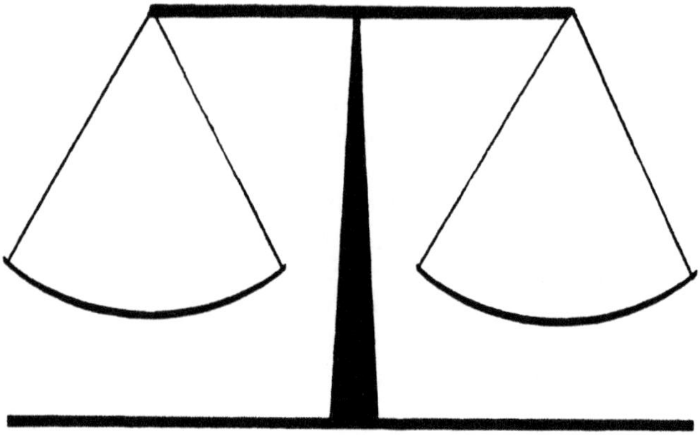

	Ihre Antwort
Fleißig richtet zusätzlich ein Postgirokonto ein und zahlt darauf in bar aus seiner Firmenkasse 50 DM ein	______
Weitere 50 DM überweist er vom Bankgirokonto auf das Postgirokonto	______
Er läßt sich vom Buchklub für weitere 100 DM Bücher liefern, zahlbar nach 30 Tagen	______
Er überweist vom Postgirokonto 60 DM an den Buchklub	______
Er hebt vom Postgirokonto 20 DM bar ab	______
Er hebt vom Bankgirokonto 50 DM bar ab	______
Er holt vom Buchklub für 50 DM Bücher und zahlt sofort in bar . .	______

Man könnte nach jeder Änderung eine neue Bilanz aufstellen. Das wäre jedoch weder erforderlich – § 242 Abs. 1 HGB verlangt dies nur für den Schluß eines Geschäftsjahres – noch wäre es sinnvoll: die Fülle z.T. trivialer Änderungen in der Zusammensetzung könnte der Kaufmann gar nicht mehr wahrnehmen. Dagegen ist es wohl sinnvoll, die Änderung jedes einzelnen Bilanzpostens, getrennt von Änderungen bei anderen Posten zu registrieren. Man richtet deshalb zunächst für jeden Posten der Eröffnungsbilanz ein eigenes Konto ein. In der Eröffnungsbilanz sind Bestände (an Vermögen, Schulden oder Eigenkapital) verzeichnet. Die entsprechenden Konten bezeichnet man als **Bestandskonten** im Unterschied zu Erfolgskonten, die wir später kennenlernen werden.

2.2 Das Buchen auf Bestandskonten mit Abschluß

Das **Konto** kann man als Datenspeicher zur Aufnahme von Informationen über Geschäftsvorfälle bezeichnen. Die darin gespeicherten Informationen müssen den Betrag und einen Hinweis auf denjenigen Geschäftsvorfall enthalten, der diesen Bilanzposten verändert.

Weil jeder Geschäftsvorfall zwei (oder mehr) Bilanzposten berührt, führt man bei der Buchung das Konto des anderen Bilanzpostens auf, der verändert wird. Dieses Konto heißt **Gegenkonto**.

Man könnte das Konto also mit drei Spalten führen:

Hinweis auf den Geschäftsvorfall	Angabe des Gegenkontos	Betrag DM

Weil ein Geschäftsvorfall den Bestand dieses Bilanzpostens erhöhen oder verringern kann, müßte beim Betrag noch zusätzlich das Vorzeichen angegeben werden. Das Konto „Bank" in der Buchhaltung vom Max Fleißig hätte dann folgendes Aussehen:

Bareinzahlung	Kasse	+ 50
Einzug Buchklub	Warenschulden	– 40
Überweisung Buchklub	Warenschulden	–160

Die 2., 4. und 5. Bilanzwaage im Abschnitt 2.1 zeigen das gleiche Bild. Es wäre möglich, nach jeder eingetretenen Veränderung den Bestand zu errechnen und darunter einzutragen. Ein so geführtes Konto mit nur einer Betragsspalte wird als **Skontro** bezeichnet. Es ist allerdings im kaufmännischen Rechnungswesen nur dann üblich, wenn dieser Bestand ständig kontrolliert werden muß.

Im allgemeinen führt man Konten, die eine Spalte nur für die Erhöhung, die andere für die Verminderung haben, z.B.: beim Bankgirokonto:

Hinweis zum Geschäftsvorfall:	Gegenkonto	+	–
Bareinzahlung	Kasse	50,–	
Einzug Buchklub	Warenschulden		40,–
Überweisung Buchklub	Warenschulden		160,–

Wenn der Bestand ermittelt werden soll, addiert man beide Seiten auf und ermittelt die Differenz, die als **Saldo** des Kontos bezeichnet wird. Dieser kann in einer dritten Spalte ausgewiesen werden, wenn er ständig bekannt sein muß, z.B. beim Bankgiro-Konto.

Am Bankgirokonto haben wir schon gesehen, daß es einmal auf der linken Seite unserer bilanx libra stehen kann – wenn es ein Bankguthaben ausweist –, dann wieder auf der rechten, wenn es Schulden zeigt. Ein Vorzeichen könnte leicht mißverstanden werden: Zeigt ein Pluszeichen eine Erhöhung der Guthaben oder Schulden an? Deshalb verwendet man nicht ein Vorzeichen, sondern das Wort „**Belastung**" oder „**Gutschrift**" bzw. „**Soll**" oder „**Haben**", je nachdem, ob der Bestand eines Kontos auf der Aktivseite der Bilanz erhöht oder vermindert wird.

Statt „Sollbuchung“ oder „Belastung“ kann man auch sagen „wir belasten“ oder „per ...“. Statt „Habenbuchung“ oder „Gutschrift“ kann man auch sagen „wir erkennen“ oder „an ...“. Das Wort „Debet“ (er schuldet) für die linke und „Kredit“ für die rechte Seite eines Kontos fand man früher; es kommt heute kaum mehr vor.

Es gilt also:

	Sollbuchung	Habenbuchung
oder:	Belastung	Gutschrift
oder:	„wir belasten“	„wir erkennen“
oder:	per ...	an ...
oder:	Debet	Kredit
Konto auf der Aktivseite	Erhöhung des Bestandes	Verminderung des Bestandes
Konto auf der Passivseite	Verminderung des Bestandes	Erhöhung des Bestandes

Ein Konto, das auf der Aktivseite der Bilanz erscheint, heißt **Aktivkonto**, eines auf der Passivseite **Passivkonto**.

Für die wenigen bis jetzt besprochenen Geschäftsvorfälle sind schon fünf getrennte Konten erforderlich. Für eine Übersicht darüber, was z.B. im Verhältnis zur Bank geschehen ist und was mit dem Kassenbestand, eignen sich die Konten gut. Sie bieten allerdings keine Übersicht mehr darüber, was an einem Tag, in einer Woche oder einem Monat an Geschäftsvorfällen vorgekommen ist, denn die Vorfälle sind über die verschiedenen Konten verteilt. Deshalb wird der Vorfall außer auf dem Konto auch noch der zeitlichen Folge nach registriert in einem **Journal**, das früher auch als **Grundbuch** oder **Tagebuch** bezeichnet wurde; bei Banken sagt man **Primanota**. Im Journal wird der Vorfall kurz beschrieben; weiter werden die Konten und der Betrag genannt. Der früher üblichen Bezeichnung des Journals als Grundbuch entspricht das Wort **Hauptbuch** für das damals gebundene Buch mit jeweils einigen Seiten für jedes geführte Konto. Das Journal für unsere obigen Anfangsbestände und Geschäftsvorfälle würde dann so aussehen:

Hinweise zum Geschäftsvorfall	Belastung bzw. Sollbuchung	Gutschrift bzw. Habenbuchung	Betrag DM
Anfangsbestand	Kasse	Eigenkapital	100,–
Bar auf Bankkonto	Bank	Kasse	50,–
Eingang Bücher	Warenbestand	Warenschuld	200,–
Bankeinzug	Warenschuld	Bank	40,–
Überweisung	Warenschuld	Bank	160,–

Zu jedem der vier Geschäftsvorfälle gibt es ein Schriftstück: die Bankquittung zur Einzahlung, die Rechnung zum Büchereingang, den Lastschriftträger zum Bankeinzug, die Kopie zum Überweisungsauftrag. Ein Schriftstück zu einem Geschäftsvorfall bezeichnen wir als **Buchungsbeleg**, wenn dieser zur Buchung führt. (Weitere Schriftstücke zu demselben Vorfall sind denkbar, z.B. der Lieferschein zum Eingang der Bücher. Sie sind aber nicht Buchungsbeleg, weil sie nicht unmittelbar zur Zahlungsverpflichtung führen.) Auf diesem Buchungsbeleg muß zumindest ein Hinweis auf die zugehörige Stelle im Journal stehen. I.d.R. wird man auf ihm notieren, welches Konto wegen dieses Geschäftsvorfalles belastet und welches erkannt werden soll. Wenn sich der zu buchende Betrag unmittelbar aus dem Beleg ergibt, wird man ihn kennzeichnen, z.B. durch einen Kreis. Andernfalls vermerkt man ihn zusätzlich. Diese drei Angaben „zu belastendes Konto", „zu erkennendes Konto" und „Betrag" bilden zusammen den **Buchungssatz**. I.d.R. steht er, wie gesagt, auf dem Buchungsbeleg, zusammen mit dem Hinweis auf die Journalseite, evtl. auch -zeile oder eine auf dem Beleg und im Journal gleichermaßen erscheinende **Buchungsnummer**. Wenn sich der Buchungssatz ohne weiteres aus dem Inhalt des Buchungsbeleges ergibt, kann man das Eintragen auf dem Beleg ersparen, kaum aber das Eintragen der Buchungsnummer, ohne die in § 238 Abs. 1 Satz 3 ausdrücklich festgehaltene Verpflichtung zu verletzen „Die Geschäftsvorfälle müssen sich in ihrer Entstehung und Abwicklung verfolgen lassen."

Die wenigen Geschäftsvorfälle des Max Fleißig erfordern schon bisher fünf Konten, um sie genügend übersichtlich zu erfassen. Auch im kleinen Betrieb werden es schnell einige Dutzend Konten, sobald nicht nur, wie zunächst noch bei Fleißig, Bestände zu registrieren sind. Man legt deshalb ein Verzeichnis der vorhandenen Konten an, den **Kontenplan**. Um Schreibarbeit bei Buchungssätzen einzusparen, versieht man jedes Konto mit einer Nummer zur Identifizierung, der **Konto-Nr.**. Diese wird nach einem später zu besprechenden Ordnungssystem (dem sogenannten „**Kontenrahmen**") vergeben. Der Kontenplan für Max Fleißig würde dann so aussehen:

Konto-Nr.	Kontenbezeichnung
070	Eigenkapital
100	Kasse
113	Bankgiro
160	Verbindlichkeiten aus Lieferungen und Leistungen („Warenschulden")
390	Handelsware („Warenbestand")

Die Kontennummern entsprechen den Empfehlungen des Gemeinschaftskontenrahmens (GKR), der im Exkurs im Anschluß an den ersten Teil erläutert wird.

Mit Hilfe der Kontennummern kann man den Buchungssatz ganz kurz formulieren: Es genügt i.d.R., die Nummer des zu belastenden Kontos vor, die des zu erkennenden Kontos hinter einen Schrägstrich zu schreiben. Der zu buchende Betrag wird, wenn er auf dem Buchungsbeleg bereits erscheint, durch Unterstreichen mit einem Farbstift oder durch „Einkreisen" gekennzeichnet. Auf die Bankquittung über 50,– DM würde Fleißig z.B. nur noch schreiben: „113/100". Auf die Eingangsrechnung für die Bücher käme der Vermerk: „390/160"; hier müßte der Endbetrag von 200,– DM gekennzeichnet werden, weil auf der Rechnung zunächst noch andere Beträge aufgeführt sind, z.B. Bruttobetrag 1000,– DM, Nachlaß 80% = 800,– DM.

Journal und Konten zu allen bisherigen Geschäftsvorfällen zeigt die Abb. 2. Dort sind die Konten in der Form von T-Konten eingerichtet, weil sich diese Form für das Lernen am besten eignet. Sie heißen T-Konten, weil sie (in ihrer einfachsten Variante) nur einen starken Querstrich aufweisen und genau in seiner Mitte einen Längsstrich. Über den Querstrich schreibt man die Kontenbezeichnung. Links vom Längsstrich stehen alle Soll-, rechts alle Habenbuchungen. Wenn lediglich Buch.-Nr., Nr. des Gegenkontos und Betrag eingetragen werden, ist diese Form durchaus geeignet.

JOURNAL Hinweis zum Geschäftsvorfall	Bu.- Nr.	Kto.- Bel.	Nr. Gut.	– Betrag – – DM –
Anfangsbestand	1	100	070	100,–
Bar auf Bankkonto	2	113	100	50,–
Eingang Bücher	3	390	160	200,–
Bankeinzug	4	160	113	40,–
Überweisung	5	160	113	160,–

070-Eigenkapitalkonto

Buch. Nr.	Geg. Kto.	DM	Buch. Nr.	Geg. Kto.	DM
			1)	100	100,–

100-Kasse

Buch. Nr.	Geg. Kto.	DM	Buch. Nr.	Geg. Kto.	DM
1)	070	100,–	2)	113	50,–

113-Bankgiro

Buch. Nr.	Geg. Kto.	DM	Buch. Nr.	Geg. Kto.	DM
2)	100	50,–	4)	160	40,–
			5)	160	160,–

160-Verbindlichkeiten (L + L)

Buch. Nr.	Geg. Kto.	DM	Buch. Nr.	Geg. Kto.	DM
4)	113	40,–	3)	390	200,–
5)	113	160,–			

390-Handelsware

Buch. Nr.	Geg. Kto.	DM	Buch. Nr.	Geg. Kto.	DM
3)	160	200,–			

Abb. 2: Journal und T-Konten zum Geschäftsgang vom Monat Januar für Max Fleißig

Alle Geschäftsvorfälle sind damit auf den T-Konten gebucht. Wären es nicht fünf, sondern einige Dutzend Konten, so wäre es jetzt schwierig, die Übersicht über alle Bestände zu erhalten, wie sie die Bilanzwaage im vorhergehenden Abschnitt jeweils bot. Zum Schluß eines Monats, eines Quartals oder eines Jahres ist es deshalb üblich, die Salden aller Konten zu ermitteln und sie, getrennt nach Salden von Aktiv- und Passivkonten, aufzulisten. Das kann auf einem eigenen Schlußbilanzkonto geschehen, auf das die Salden durch eine Buchung – die **Abschlußbuchung** – übertragen werden. Das Schlußbilanzkonto entspricht dann der letzten Bilanzwaage des Abschnitts 2.1.

Abb. 3 zeigt den Geschäftsgang 1 von Max Fleißig, wobei das Journal von Abb. 2 um die Abschlußbuchungen ergänzt und das Konto 999 „Schlußbilanzkonto" neu eingeführt wird.

JOURNAL

Hinweis auf den Geschäftsvorfall	Bu.- Nr.	Kto.- Bel.	Nr. Gut.	– Betrag – – DM –
Saldo Konto 070	6	070	999	100,–
Saldo Konto 100	7	999	100	50,–
Saldo Konto 113	8	113	999	150,–
Saldo Konto 390	9	999	390	200,–

070- Eigenkapital

6)	999	100,–	1)	100	100,–
		100,–			100,–

160-Verbindlichkeiten

4)	113	40,–	3)	390	200,–
5)	113	160,–			
		200,–			200,–

100-Kasse

1)	070	100,–	2)	113	50,–
			7)	999	50,–
		100,–			100,–

390-Handelsware

3)	160	200,–	9)	999	200,–
		200,–			200,–

113-Bank

2)	100	50,–	4)	160	40,–
8)	999	150,–	5)	160	160,–
		200,–			200,–

999-Schlußbilanzkonto

7)	100	50,–	6)	070	100,–
9)	390	200,–	8)	113	150,–
		250,–			250,–

Abb. 3: Vollständiger Geschäftsgang Max Fleißig, Monat Januar

Auf allen Konten wird die Summe jeder Seite ermittelt und eingetragen. Danach sind die **Konten abgeschlossen.** Wir haben damit einen vollständigen **Geschäftsgang**, von der Eintragung der Anfangsbestände über das Buchen aller Geschäftsvorfälle bis zum Abschluß der Konten, kennengelernt. Dieser Geschäftsgang wurde bewußt auf wenige Vorfälle mit reinen Bestandsveränderungen beschränkt. Er ist sicher nicht typisch für einen Betrieb, noch nicht einmal für einen Kleinbetrieb in der Gründungsphase, wie es Buchvertrieb Max Fleißig bis jetzt ist.

Ein **Abschluß** erfolgt also durch Ermittlung der Salden aller Konten und Zusammenfassung dieser Salden. Hier erfolgt er ausschließlich auf dem Schlußbilanzkonto; wir werden jedoch noch andere Möglichkeiten kennenlernen. Der Abschluß erfolgt für eine **Rechnungsperiode**, die maximal zwölf Monate umfaßt; kürzere Perioden sind zweckmäßig, wie z.B. ein Monat oder ein Vierteljahr.

Zur Wiederholung dienen nun ein Test und eine Übungsaufgabe mit einem vollständigen Geschäftsgang.

Test zu Abschnitt 2.2

Unten steht eine Reihe von Kurzdefinitionen zu Begriffen, die Sie im Abschnitt 2.2 kennengelernt haben. Tragen Sie den Begriff auf die Linie oberhalb der Definition ein!

- - - - - - - - - - - - - - - - - -

Datenspeicher zur Aufnahme von Informationen über Geschäftsvorfälle mit i.d.R. zwei getrennten Spalten für die Beträge, je nach dem zugehörigen Vorzeichen. Es werden in einem Datenspeicher nur Informationen über solche Geschäftsvorfälle aufgenommen, die der Sache nach zusammengehören.

- - - - - - - - - - - - - - - - - -

Verzeichnis der in einem Betrieb vorhandenen Konten.

- - - - - - - - - - - - - - - - - -

Folge von Angaben zur Erfassung eines Geschäftsvorfalls in der Buchhaltung. Erforderlich sind mindestens die Angaben über die berührten Konten und den Betrag.

- - - - - - - - - - - - - - - - - -

Vorgang im Betrieb, der zur Buchung führt.

- - - - - - - - - - - - - - - - - -

Datenspeicher, der Geschäftsvorfälle in zeitlicher Folge erfaßt, mit mindestens den Angaben zu den berührten Konten, den Beträgen und dem eindeutigen Hinweis auf den Geschäftsvorfall.

Schriftstück mit Angaben über den Geschäftsvorfall, das zum Nachweis und zur Ergänzung der auf Konto und Journal festgehaltenen Angaben dient.

Zweites Konto, das von einem Geschäftsvorfall berührt wird, wenn dieser nur auf zwei Konten gebucht wird. (Geschäftsvorfälle mit mehr als zwei berührten Konten werden hier noch nicht berücksichtigt).

Konto, auf dem Vermögen, Verbindlichkeiten oder Eigenkapital gebucht werden.

Ermittlung des Saldos eines Kontos, seine Übertragung auf das zugehörige Abschlußkonto und Eintragen der Summe aller gebuchten Beträge auf beiden Kontenseiten.

Übungsaufgabe zu Abschnitt 2.2

Unten stehen alle Angaben zu einem vollständigen Geschäftsgang. Unten finden Sie den Vordruck für das Journal und die zugehörigen T-Konten. Alle erforderlichen Konten sind schon eingerichtet.

Fritz Tipper bestimmt 200,— DM Bargeld als Eigenkapital seines neu zu gründenden Schreibmaschinenvertriebes „Studtip". Er erhält vom Versandhaus „Alles für den modernen Studiker" zwei Schreibmaschinen gegen Anzahlung von 50,— DM in bar; der Rest in Höhe von 200,— DM ist zahlbar nach Verkauf, spätestens in 30 Tagen. 100,— DM zahlt Tipper auf ein neu eingerichtetes Bankgirokonto ein. Nach 30 Tagen überweist er 150,— DM von diesem Bankgirokonto an das Versandhaus, weitere 50,— DM zahlt er in bar.

Schließen Sie alle Konten ab!

JOURNAL ZU ÜBUNGSAUFGABE 2.2

Hinweise zum Geschäftsvorfall:	Buch-Nr.:	Konto-Nummer Soll:	Haben:	Betrag DM
Bargeld als Eigenkapital				
Wareneingang: 2 Schreibmasch.				
Anzahlung darauf				
Bareinzahlung, Bankgiro				
Überweisung an Versandhaus				
Barzahlung an Versandhaus				

T-KONTEN ZU ÜBUNGSAUFGABE 2.2

SOLL/ Belastung			HABEN/ Gutschrift			SOLL/ Belastung			HABEN/ Gutschrift		
Bu. Nr.	Gg. kt.	Betrag DM	Bu. Nr.	Gg. kt.	Betrag DM	Bu. Nr.	Gg. kt.	Betrag DM	Bu. Nr.	Gg. kt.	Betrag DM

070-Eigenkapital

160-Verbindlichkeiten (L + L)

100-Kasse

390-Handelsware

113-Bankgiro

999-Schlußbilanzkonto

Nehmen wir an, der 1. Februar sei angebrochen.

Max Fleißig sei nunmehr genesen und voller Unternehmungsgeist. Er hat schon mit einigen Kommilitonen gesprochen und vereinbart, daß sie gemeinsam in einem Wohnviertel „Klinken putzen“ wollen mit dem Ziel, möglichst viele der prächtig gebundenen Klassikerbände zum Spottpreis von 10 DM pro Stück zu verkaufen. Seine Kommilitonen sollen, wenn mindestens 40 Exemplare verkauft werden, 20% Provision bekommen, sonst 15%. Beim Erreichen des gesetzten Planziels wird Fleißig außerdem eine Runde in der Studentenkneipe „nulla cum laude“ ausgeben.

Der „Buchvertrieb Max Fleißig“ wird einen Umfang erreichen, der ein Mindestmaß an Übersicht im Rechnungswesen erfordert (oder, bescheidener ausgedrückt, Gelegenheit zum Üben beim Buchhalten gibt). Fleißig nimmt sich deshalb vor, alles so systematisch wie üblich zu tun. Was als erstes zu tun ist, liegt auf der Hand:

2.3 Die Erfassung von Anfangsbeständen

Der Monat Januar schloß ab mit 50,— DM Bargeld, 200,— DM Bücherbestand und 150,— DM Bankschulden, woraus sich ein Eigenkapital von 100,— DM als Saldo ergab. Man kann die Bilanzgleichung ja so umformen:

Eigenkapital = Vermögen minus Fremdkapital.

Diese Bestände waren auf dem Schlußbilanzkonto — vgl. Abb. 3 — registriert. Diese Schlußbestände am 31. Januar, 24.00 Uhr, werden genau den Anfangsbeständen am 1. Februar, 0.00 Uhr, entsprechen.

Sind diese Schlußbestände in einer Schlußbilanz registriert, so muß sie der Anfangsbilanz der nächsten Rechnungsperiode entsprechen, was als **Prinzip der Bilanzidentität** bezeichnet wird.

Es würde durchaus genügen, die vier Anfangsbestände mit dem Vermerk „AB" auf den vier neu zu eröffnenden Konten des neuen Monats zu buchen, also so:

070-Eigenkapital

		AB	100,–

113-Bank

		AB	150,–

100-Kasse

AB	50,–		

390-Handelsware

AB	200,–		

Bei vier Konten läßt sich sofort erkennen, daß alle Zahlen
— auf den richtigen Konten stehen,
— auf den richtigen Seiten der Konten stehen,
— stimmen.

Wären es dagegen nicht vier, sondern vierzig Konten, so wäre die Prüfung schon schwieriger. Deshalb ist es zweckmäßig — nicht unbedingt erforderlich — jeden Anfangsbestand eines Kontos durch eine vollständige Buchung mit Angabe eines Gegenkontos einzutragen. Das Gegenkonto kann nicht eines der anderen Bestandskonten sein, weil kein Posten genau **einem,** sondern nur die Summe **aller** Aktivposten genau der Summe **aller** Passivposten entsprechen muß. Man könnte dann zwar sagen, „Alle Aktivposten an alle Passivposten", hätte damit aber nur eine globale Umschreibung gemacht und nicht präzise Buchungssätze formuliert.

Das Schlußbilanzkonto, das die Gegenbuchungen aller Bestandskonten aufnimmt — die den Schlußbeständen entsprechen —, haben wir schon kennengelernt. Analog dazu führen wir nun ein Anfangsbilanzkonto unter der Konto-Nr. 998 ein. Auf ihm erscheinen die den Anfangsbeständen entsprechenden Zahlen, allerdings mit einer Besonderheit:

Die Anfangsbestände müssen auf den Bestandskonten auf der Sollseite gebucht werden, wenn es Aktivkonten sind. Also muß die Gegenbuchung auf dem Gegenkonto auf der Habenseite erscheinen. Wird der Anfangsbestand auf der Habenseite eines Passivkontos gebucht, muß die Buchung auf dem Gegenkonto auf der Sollseite stehen. Wählen wir als Gegenkonto nun das Anfangsbilanzkonto, so stehen darauf also die Aktivposten auf der Haben-, die Passivposten auf der Sollseite.

Fleißig wählt diese Methode des Buchens von Anfangsbeständen. Es ergeben sich dann die Buchungen 1 bis 4 lt. Abb. 4.

Das Anfangsbilanzkonto zeigt — im Vergleich mit dem Schlußbilanzkonto lt. Abb. 3 — alle Posten spiegelbildlich, also seitenvertauscht. Die Buchungen der Anfangsbestände stehen — im Vergleich mit den Buchungen der Schlußbestände lt. Abb. 3 — auf der jeweils anderen Seite des betreffenden Kontos: Der Anfangsbestand auf dem Konto 100-Kasse steht auf der Sollseite, während der Schlußbestand auf dem gleichen Konto in Abb. 3 auf der Habenseite gebucht worden war (Buch.-Nr. 1) in Abb. 4 im Vergleich mit (Buch.-Nr. 7 in Abb. 3.). Vergleichen Sie die weiteren Buchungen!

JOURNAL

Hinweis auf den Geschäftsvorfall	Bu.-Nr.	Kto.-Bel.	Nr. Gut.	– Betrag – – DM –
Anfangsbestand Bargeld	1	100	998	50,–
Anfangsbestand Bücher	2	390	998	200,–
Anfangsbestand Eigenkapital	3	998	070	100,–
Anfangsbestand Bankschulden	4	998	113	150,–

070-Eigenkapital

			3)	998	100,–

113-Bankgiro

			4)	998	150,–

100-Kasse

1)	998	50,–			

390-Handelswaren

2)	998	200,–			

998-Anfangsbilanzkonto

3)	070	100,–	1)	100	50,–
4)	113	150,–	2)	390	200,–
		250,–			250,–
		======			======

Abb. 4: Buchung von Anfangsbeständen mit Anfangsbilanzkonto
– Geschäftsgang Max Fleißig, Monat Februar

Danach gehen Fleißig und seine drei Kommilitonen zum Verkaufen über. Alles läuft gut an. Gegen 19.00 Uhr beenden sie ihre Aktivitäten und treffen sich im „nulla cum laude". Die restlichen Bücher und das eingenommene Geld liegen bereits auf dem Tisch: 10 Bände sind übrig geblieben, 400,— DM eingenommen. Fleißig verteilt 20%, also 80,— DM und gibt eine Runde aus. Sie kostet 20,— DM, worüber er eine Qittung vom Wirt erhält. Am nächsten Morgen bringt er die restlichen zehn Bände zum Buchklub zurück, weil er mit diesem vereinbart hat, bis zu 20% der übernommenen Bücher bei Nichtverkauf gegen Gutschrift des vollen ursprünglichen Kaufpreises zurückgeben zu können. (Remissionsrecht 20%). Er erhält 40,— DM in bar dafür.

Fleißig überlegt, wie er diese Vorgänge verbuchen kann und welche zusätzlichen Konten er benötigt. Er hat ja nicht nur Bestände verändert, sondern auch einen Erfolg erzielt — Bücher verkauft —, dafür aber auch Provisionen gezahlt und eine Runde ausgegeben. Er wird also außer den bisher geführten Bestands-, nunmehr auch Erfolgskonten führen müssen.

2.4 Das Buchen auf Erfolgskonten

Fleißigs erster Erfolg: 400,— DM Bargeld für 40 verkaufte Bände. Weil Bargeld eingegangen ist und Bücher abgegeben wurden, läge es nahe, so zu buchen:

„Kasse an Handelsware, 400,— DM"

Zum Schluß hat Fleißig die übriggeblieoenen 10 Bände an den Buchklub zurückgegeben und dafür 40,— DM in bar erhalten, wodurch sich der Buchungssatz

„Kasse an Handelsware, 40,—DM"

ergibt.

Das Konto würde danach so aussehen:

390 – HANDELSWARE

Anfangsbestand: 50 Bände je 4 DM	2)	998	200,–	Abgabe an Käufer: 40 Bände je 10 DM	5)	100	400,–
				Rückgabe an Buchklub: 10 Bände je 4 DM	6)	100	40,–

Auf der Habenseite stehen also untereinander Vorgänge, die einmal den regulären Ausgang der Ware an Kunden, zum andern aber die Rückgabe an den Lieferanten registrieren. Das gleiche könnte auf der Sollseite vorkommen, wenn Kunden Ware zurückgeben. Ein solches Warenkonto wird als **gemischtes Warenkonto** bezeichnet. Solange nur wenige Buchungen dort vorkommen, erfüllt es seinen Zweck. Sobald aber z.B. an jedem Tag die Barverkäufe dort gebucht werden, u.U. auch noch Verkäufe gegen Rechnung, und sobald häufiger Ware eingeht und evtl. auch einmal zurückgegeben wird, erlaubt das gemischte Warenkonto nicht mehr die Übersicht ohne zusätzliche Information. Das Ziel des Buchens der Geschäftsvorfälle auf verschiedenen Konten würde also nicht mehr erreicht. Man bucht die Vorgänge beim Warenverkehr deshalb i.d.R. zumindest auf zwei verschiedenen Konten.

Das erste Konto nimmt

— Anfangs- und Schlußbestand, evtl Rückgaben an Lieferanten auf,
das zweite

— die Abgaben an Kunden, evtl Rückgaben von ihnen.

Das Konto für die erste Gruppe haben wir schon kennengelernt: Das Konto **390-Handelsware („Warenbestand"); es wird manchmal etwas irreführend auch als „Wareneinkaufskonto"** bezeichnet, obwohl nicht die Einkäufe, sondern die Eingänge darauf gebucht werden. Für die zweite Gruppe von Vorgängen wird das Konto **850-Umsatzerlöse** genommen, manchmal auch als „**Warenverkaufskonto**" bezeichnet.

Fleißig hat vom erhaltenen Geld 80,— DM als Provision an seine Kommilitonen weitergeben müssen. Diesen Betrag könnte er der Einfachheit halber gleich von den 400,— DM abziehen und nur 320,— DM als Umsatzerlöse buchen. Dann wäre es aber schwierig, beim weiteren Ausbau des Buchvertriebs die beiden Vorgänge „Umsatz" einerseits und „Provision" andererseits auch dann zu buchen, wenn sie nicht mehr am selben Tag anfallen, obwohl sie sachlich zueinander gehören. Das könnte z.B. sein, wenn der Provisionssatz vom Gesamtumsatz einer Woche abhängt, also erst nachträglich ermittelt werden kann. Fleißig entscheidet sich dafür, sowohl die Provision als auch die 20,— DM für die Lokalrunde auf einem eigenen Konto zu buchen, um deutlich zu machen: Diese Ausgaben waren erforderlich, um Bücher zu verkaufen. Die Bezeichnung für dieses Konto wäre, folgen wir der Umgangssprache, „Unkosten". Bemühen wir uns von vornherein um die Fachsprache, so stellen wir fest: Es handelt sich um Aufwendungen. Vorläufig führen wir nur ein einziges Aufwandskonto, weil die Unterscheidung zwischen den verschiedenen Aufwandsarten und ihren Konten jetzt noch nicht erforderlich (auch noch nicht möglich) ist. Das Konto bezeichnen wir mit „SAA — Sammelkonto alle Aufwendungen".

Die Liste von Fleißigs zu führenden Konten, sein Kontenplan also, sieht nun so aus:

Konto-Nr.	Kontenbezeichnung
070	Eigenkapital
100	Kasse
113	Bankgiro
160	Verbindlichkeiten (L + L) („Warenschulden")
390	Handelsware („Warenbestand")
850	Umsatzerlöse ("Warenverkaufskonto")
998	Anfangsbilanzkonto
999	Schlußbilanzkonto
SAA	Sammelkonto alle Aufwendungen

Abb. 5 zeigt das Journal und die Konten nach Ausführung aller Buchungen.

Im nächsten Schritt müssen die Konten abgeschlossen werden. Das ist nicht mehr so einfach, wie zum Schluß des Monats Januar, weil jetzt außer den Bestands- auch die Erfolgskonten abgeschlossen werden müssen.

JOURNAL

Hinweis auf den Geschäftsvorfall	Bu.-Nr.	Kto.-Bel.	Nr. Gut.	– Betrag – – DM –
Anfangsbestand Bargeld	1	100	998	50,–
Anfangsbestand Bücher	2	390	998	200,–
Anfangsbestand Eigenkapital	3	998	070	100,–
Anfangsbestand Bankschulden	4	998	113	150,–
Verkauf: 40 Bände zu je 10 DM bar . . .	5	100	850	400,–
Provisionszahlung bar: 20% v. 400 DM . . .	6	SAA	100	80,–
Bewirtungskosten bar	7	SAA	100	20,–
Rückgabe an Buchklub: 10 Bände je 4 DM .	8	100	390	40,–

070-Eigenkapital

			4)	998	100,–

390-Handelsware

2)	998	200,–	8)	100	40,–

100-Kasse

1)	998	50,–	6)	SAA	80,–
5)	850	400,–	7)	SAA	20,–
8)	390	40,–			

SAA-Sammelkonto Aufwendungen

6)	100	80,–			
7)	100	20,–			

113-Bank

			4)	998	150,–

850-Umsatzerlöse Handel

			5)	100	400,–

160-Verbindlichkeiten (L + L)

998-Anfangsbilanzkonto

3)	070	100,–	1)	100	50,–
4)	113	150,–	2)	390	200,–

Abb. 5: Geschäftsgang mit Erfolgskonten, Max Fleißig, Monat Februar

2.5 Der Abschluß einfacher Erfolgskonten

Zu Fleißigs Erfolgen im Monat Februar zählen zunächst die 400,— DM Einnahmen für die Bücher, die die Kunden erhalten haben. Diese Bücher hat Fleißig schon im Januar bezogen; der Anfang Februar vorhandene Bestand von 200,— DM ist bis auf 40,— DM, die an den Buchklub zurückgegeben wurden, an die Kunden gegangen. Diese haben also Bücher für 200 — 40 = 160,— DM erhalten. Das ist der **Einstandswert der verkauften Handelsware** oder der **Warenaufwand**.

Dieser Betrag ergibt sich hier als Saldo des Kontos 390-Handelsware. Das ist der Aufwand für bezogene Handelswaren, manchmal auch verkürzt als „**Warenaufwand**" bezeichnet. Fleißig hat von den 400,— DM nach Abzug von 160,— DM Einstandswert der verkauften Handelsware noch 240,— DM übrig behalten, die als „**Waren-Rohgewinn**" bezeichnet werden. Sie sind nicht sein Gewinn, denn er mußte davon 80,— Provision und 20,— DM für die Runde im Lokal ausgeben. Nach Abzug dieser 100,– DM bleiben ihm also 140,– DM als Gewinn.

Um diese Zusammenhänge übersichtlich darstellen zu können, bedient man sich eines eigenen Kontos, des **Gewinn- und Verlustkontos**, das für den einfachen Fall eines reinen Handelsbetriebes so aussieht:

GEWINN- UND VERLUSTKONTO

Einstandswert der verkauften Handelsware (Warenaufwand)	Umsatzerlöse
andere Aufwendungen	

Links stehen also die Salden aller Aufwands-, rechts die aller Ertragskonten (in unserem Beispiel wird nur ein einziges Ertragskonto geführt, das für Umsatzerlöse). Als Saldo ergibt sich – hoffentlich! – ein Gewinn, vielleicht aber ein Verlust, als Periodenerfolg. Wenn die Rechnungsperiode das Geschäftsjahr ist, heißt dieser „Jahresüberschuß" bzw. „Jahresfehlbetrag".

Für unser Beispiel sieht das Gewinn und Verlustkonto so aus:

989 – GEWINN- UND VERLUSTKONTO

Saldo des Kontos 390	9)	390	160,–	Saldo des Kontos 850	11)	850	400,–
Saldo des Kontos SAA	10)	SAA	100,–				

Nunmehr kann das GuV-Konto auch abgeschlossen werden. Fleißig hat einen Gewinn erzielt, der ihm voll gehört, also Eigenkaptal geworden ist. Es liegt also nahe, das GuV-Konto auf das Eigenkapitalkonto abzuschließen. So wird auch i.d.R. bei allen Betrieben gebucht, die einem einzigen Inhaber gehören, den in der Rechtsform des **Einzelkaufmanns** geführten Betrieben. Bei einem Betrieb mit zwei Inhabern müßte erst ausgerechnet werden, wieviel jeder vom Gewinn erhält, ehe dieser dem einen oder dem anderen der beiden Eigenkapitalkonten gutgeschrieben werden könnte.

Bei der Aktiengesellschaft gibt es gar keine Eigenkapitalkonten einzelner Aktionäre, sondern nur die Eigenkapitalkonten der AG selbst. Wieviel vom Gewinn auf welches Konto gebucht werden wird, hängt u.a. vom Beschluß der Versammlung der Aktionäre, der Hauptversammlung, ab (vgl. Abschnitt 7.2).

An dieser Stelle können noch nicht die vielen Varianten der Verwendung und der sich daraus ergebenden Verbuchung des Gewinns (oder des Verlustes) behandelt werden. Es wird deshalb vorläufig die einfachste Art der Buchung gewählt: Der Gewinn oder Verlust laut GuV-Konto wird auf das

JOURNAL

Hinweis auf den Geschäftsvorfall	Bu.-Nr.	Kto.-Bel.	Nr. Gut.	- Betrag - – DM –
Anfangsbestand Bargeld	1	100	998	50,–
Anfangsbestand Bücher	2	390	998	200,–
Anfangsbestand Eigenkapital	3	998	070	100,–
Anfangsbestand Bankschulden	4	998	113	150,–
Verkauf: 40 Bände zu je 10 DM	5	100	850	400,–
Provisionszahlung: 20% v. 400 DM	6	SAA	100	80,–
Bewirtungskosten, bar	7	SAA	100	20,–
Rückgabe an Buchklub: 10 Bände je 4 DM	8	100	390	40,–
Saldo Konto Handelsware	9	989	390	160,–
Saldo Konto SAA	10	989	SAA	100,–
Saldo Konto Umsatzerlöse	11	850	989	400,–
Saldo Konto GuV	12	989	070	140,–
Saldo Konto Eigenkapital	13	070	999	240,–
Saldo Konto Kasse	14	999	100	390,–
Saldo Konto Bankgiro	15	113	999	150,–

Abb. 6a: Vollständiger Geschäftsgang Max Fleißig, Monat Februar; Journal

070-Eigenkapital

13)	999	240,–	3)	998	100,–
			12)	989	140,–
		----			-----
		240,–			240,–
		=====			======

100-Kasse

1)	998	50,–	6)	SAA	80,–
5)	850	400,–	7)	SAA	20,–
8)	390	40,–	14)	999	390,–
	----	-----			-----
		490,–			490,–
		======			======

113-Bankgiro

15)	999	150,–	4)	998	150,–
		-----			-----
		150,–			150,–
		======			======

160-Verbindlichkeiten

390-Handelsware

2)	998	200,–	8)	100	40,–
			9)	989	160,–
		-----			-----
		200,–			200,–
		======			======

SAA-Sammelkonto Aufwendungen

6)	100	80,–	10)	989	100,–
7)	100	20,–			
		-----			-----
		100,–			100,–
		======			======

850-Umsatzerlöse

11)	989	400,–	5)	100	400,–
		-----			-----
		400,–			400,–
		======			======

998-Anfangsbilanzkonto

3)	070	100,–	1)	100	50,–
4)	113	150,–	2)	390	200,–
		-----			-----
		250,–			250,–
		======			======

989-Gewinn und Verlustkonto

9)	390	160,–	11)	850	400,–
10)	SAA	100,–			
12)	070	140,–			
		-----			-----
		400,–			400,–
		======			======

999-Schlußbilanzkonto

14)	100	390,–	13)	070	240,–
			15)	113	150,–
		-----			-----
		390,–			390,–
		======			======

Abb. 6b: Vollständiger Geschäftsgang, Max Fleißig, Monat Februar; T-Konten

Eigenkapitalkonto übertragen. Die Besonderheiten für die verschiedenen Rechtsformen werden in Abschnitt 7.2 erläutert.

Abb. 6 zeigt den vollständigen Geschäftsgang von Fleißig für den Monat Februar.

Der Erfolg steht bei dem vollständigen Geschäftsgang von Max Fleißig für den Monat Februar sowohl auf dem Gewinn- und Verlustkonto als auch auf dem Eigenkapitalkonto. Erst nach Ausführung der Erfolgsbuchung (Nr. 12) können alle Konten abgeschlossen werden. Im System der Doppelten Buchhaltung werden also nicht nur die einzelnen Geschäftsvorfälle doppelt erfaßt; auch der Erfolg wird auf zwei Konten ausgewiesen.

Test zu den Abschnitten 2.3 bis 2.5

Unten steht eine Reihe von Kurzdefinitionen zu Begriffen, die Sie in den Abschnitten 2.3 bis 2.5 kennengelernt haben. Tragen Sie den Begriff auf die Linie oberhalb der Kurzdefinition ein!

- - - - - - - - - - - - - - - - - -

Übereinstimmung der Anfangs-/Eröffnungsbilanz einer Rechnungsperiode mit der Schlußbilanz der unmittelbar vorhergehenden Periode. U.U. wird anders gegliedert, keinesfalls jedoch anders bewertet.

- - - - - - - - - - - - - - - - - -

Konto, das die Gegenbuchungen zu den Anfangsbestandsbuchungen auf den Bestandskonten aufnimmt.

- - - - - - - - - - - - - - - - - -

Konto, das alle Vorgänge der Warenbewegung aufnimmt, sowohl Bestände als auch Zugänge und Verkäufe an Kunden.

- - - - - - - - - - - - - - - - - -

Konto, das nur diejenigen Vorgänge der Warenbewegung aufnimmt, die sich auf Bestände und Zugänge von Lieferanten, evtl. auch Rückgabe an Lieferanten, beziehen.

Konto, das diejenigen Vorgänge der Warenbewegung aufnimmt, die sich auf Verkäufe an Kunden, evtl. Rückgaben von diesen, beziehen.

Saldo aus Umsatzerlösen und Aufwand für bezogene Waren.

Konto, das die Salden aller Aufwands- und Ertragskonten aufnimmt.

Saldo aller Aufwendungen und Erträge einer Rechnungsperiode.

Übungsaufgabe zu den Abschnitten 2.3 bis 2.5

Unten stehen alle Angaben zu einem vollständigen Geschäftsgang. Auf einem eigenen Blatt (S. 44) finden Sie den Vordruck für das Journal und die T-Konten. Sie müssen selbst entscheiden, welche T-Konten erforderlich sind. Führen Sie deshalb zuerst alle Eintragungen im Journal aus und danach erst auf den T-Konten!

Fritz Tipper nimmt seine aktive Geschäftstätigkeit im Monat Februar 1986 auf. Er bucht zunächst seine Anfangsbestände, die den Schlußbeständen des Monats Januar entsprechen (vgl. Übungsaufgabe zu Abschnitt 2.2). Mit seinen beiden Schreibmaschinen setzt er sich in die beliebte Studentenkneipe „Heidelberger Jugendbrunnen", hört sich um, wer von seinen Kommilitonen demnächst eine Diplomarbeit zu schreiben hat und versucht sein Glück: Diesen klarzumachen, daß sie mit einer eigenen Schreibmaschine viel besser arbeiten können. Er verkauft auch die beiden Schreibmaschinen, eine für 200,— DM, die andere für 180,— DM. Bei den „Verkaufsgesprächen" spendiert er jeweils ein Glas Bier. Er muß 25 solcher Gespräche führen, ehe er beide Maschinen verkauft hat. Seine Zeche ist zum Schluß 40,— DM einschließlich eines reichlichen Trinkgeldes für die Bedienung.

Danach fährt er mit der Straßenbahn (5,— DM hin und zurück) zum Auslieferungslager des Versandhauses „Alles für den modernen Studiker") und nimmt zwei Schreibmaschinen und zwanzig Päckchen „Error-Ex" mit. Die Rechnung von 245,— DM begleicht er drei Tage später durch Überweisung vom Bankgirokonto. Er richtet sich zusätzlich ein Postgirokonto ein, auf das er 200,— DM in bar einzahlt. Die beiden Schreibmaschinen und die zwanzig Päckchen „Error-Ex" verkauft er anschließend wieder im „Heidelberger Jugendbrunnen“ für zusammen 400,— DM, die er auf sein Bankgirokonto einzahlt.

Die Zeche im „Jugendbrunnen“ war diesmal 45,— DM. Für das Postgirokonto ist die Kontonummer 110 vorgesehen.

Schließen Sie nach Ausführung aller Buchungen zu diesen Geschäftsvorfällen alle Konten ab!

JOURNAL ZU ÜBUNGSAUFGABE 2.3 . . . 2.5

Hinweise zum Geschäftsvorfall:	Buch.-Nr.:	Konto-Nummer Soll:	Haben:	Betrag DM

Der Kontenplan für die Firma „Studtip“ – Fritz Tipper sieht dann also so aus:

Kto.-Nr.	Bezeichnung	Kto.-Nr.	Bezeichnung

Der Geschäftsgang „Max Fleißig, Monat Februar“ (vgl. Abb. 6) enthielt zwar schon Erfolgskonten, unter ihnen auch das Warenkonto; aber es ergeben sich bei allen Vorfällen keine Fragen dazu, ob es sich um einen Erfolg des Monats Februar handelt oder ob evtl. auch spätere Monate davon berührt werden. Deshalb war dieser Geschäftsgang nur dazu geeignet, den formalen Abschluß von Bestands- und Erfolgskonten oder die Rechen- und Gliederungsverfahren der Doppelten Buchhaltung zu erlernen. Daß sie darüber hinaus auch sehr leistungsfähig bei allen Geschäftsvorfällen sein kann, die auf den Erfolg von mehr als einer Rechnungsperiode wirken, wird das nächste Kapitel zeigen.

T-Konten zu Übungsaufgabe 2.3 . . . 2.5

SOLL/ Belastung			HABEN/ Gutschrift			SOLL/ Belastung			HABEN Gutschrift		
Bu. Nr.	Gg. kt.	Betrag DM	Bu. Nr.	Gg. kt.	Betrag DM	Bu. Nr.	Gg. kt.	Betrag DM	Bu. Nr.	Gg. kt.	Betrag DM

100 – Kasse

3 Der Abschluß als Verfahren der Periodenabgrenzung

Fleißig möge nun, angeregt durch den Erfolg des Monats Februar, überlegen, wie er seinen Buchvertrieb weiter ausbauen kann. Die Überlegung „man muß auch in abgelegenen Wohngebieten Literatur-Beratungsgespräche führen können", vereint mit dem verständlichen Wunsch, ein eigenes Auto zu haben, führen zu dem Entschluß, einen „Firmenwagen" zu kaufen. Ein 15 Jahre alter VW-Käfer wird deshalb für 270,— DM erworben und gleich bar bezahlt. Die Umschreibung auf Fleißigs Namen beim Straßenverkehrsamt erfordert 30,— DM bar. Die Kfz-Steuer für das erste Vierteljahr beträgt 45,— DM, die Haftpflichtversicherung schickt die Prämienrechnung für dieses Vierteljahr in Höhe von 240,— DM. Beide Posten werden durch Banküberweisung bezahlt. Fleißig tankt für 30,— DM Benzin (Barzahlung) und erwirbt eine reiche Kollektion weiterer 50 Prachtbände aus Restbeständen für zusammen 500,— DM, zahlbar 30 Tage nach Lieferung. Da jetzt, im März, alle geeigneten Kommilitonen unerreichbar sind, verkauft Fleißig allein. An zehn Spätnachmittagen „kämmt" er drei Wohngebiete durch und verkauft 40 Bücher für insgesamt 1000,— DM gegen Barzahlung. Von diesen 1000,— DM zahlt er 800,— DM auf sein Bankgirokonto ein.

Mit dem Kauf des VW-Käfers wird der Bestand an Vermögen um einen Posten erweitert. Er paßt nicht auf eines der schon bekannten Bestandskonten, weshalb ein neues eröffnet wird, das im üblichen Bilanzschema „Betriebs- und Geschäftsausstattung" heißt und nach dem Gemeinschaftskontenrahmen (GKR) die Nummer 030 tragen soll. Entsprechend lautet die Journalzeile für den Käfer-Kauf:

Hinweis auf den Geschäftsvorfall	Bu.-Nr.	Kto.-Bel.	Nr. Gut.	– Betrag – – DM –
Kauf VW-Käfer, bar	4	030	100	270,–

Mit den Buch.-Nr. 1 bis 3 wurden die Schlußbestände des Monats Februar als Anfangsbestände die Monats März gebucht. Sie entsprechen den Buch.-Nr. 1, 3 und 4 des Monats Februar, lediglich die Beträge sind anders.

Die Überweisungen für Kfz-Steuer und -Versicherung begründen Rechte für die nächsten drei Monate, dann sind diese Rechte erloschen, wenn keine neue Zahlung erfolgt. Fleißig bucht die Beträge deshalb auf dem Aufwandskonto (Buchungsnummern 6 und 7). Das Benzin reicht für einige Tage, allenfalls für eine Woche. Es wird deshalb auch auf dem Aufwandskonto gebucht (Buchungsnummer 8).

Der Eingang von Büchern, ihr teilweiser Verkauf gegen Barzahlung und die Einzahlung von 800,— DM auf das Bankgirokonto wird ebenso wie im Februar gebucht (Buch.-Nr. 9 bis 11).

Das Journal für die Buch-Nr. 5 bis 11 sieht dann so aus:

Zulassung Straßenverkehrsamt	5 030	100	30,–[1]
Kfz-Steuer, Banküberweisung	6 SAA	113	45,–
Kfz-Haftpflichtversicherung, Banküberweisung	7 SAA	113	240,–
Benzin getankt, bar	8 SAA	100	30,–
Bücher vom Buchklub geholt, 30 Tage Ziel	9 390	160	500,–
Bücher verkauft, bar (40 Stck.)	10 100	850	1000,–
Bareinzahlung, Bankgiro	11 113	100	800,–

Bisher ergaben sich keine wesentlichen Änderungen gegenüber dem Geschäftsgang im Februar, der mit Schlußbeständen lediglich in Form von Bargeld und Bankschulden schloß. Nun, Ende März, gibt es aber einige weitere Bestände, und zwar einmal den „Firmenwagen“ mit seiner schon bezahlten Versicherung und Steuer für die Monate März, April und Mai, dann auch noch Restbestände an Büchern, denn von den 50 eingekauften wurden nur 40 verkauft.

Überlegen wir zunächst, wie der nur einen Monat lang genutzte „Firmenwagen“, der voraussichtlich noch länger seine Dienste tun wird, in der Buchhaltung zu behandeln ist.

[1] Anschaffungs-Nebenkosten, vgl. Abschnitt 4.4

3.1 Abnutzbares Anlagevermögen

Der VW-Käfer möge eine TÜV-Plakette für den Monat Juni des kommenden Jahres tragen und rein technisch noch so in Ordnung sein, daß er bis dahin ohne größere Reparaturen, ohne das Erneuern von Reifen usw. gefahren werden kann. Fleißig will seinen Buchvertrieb auch weiter ausbauen und noch mindestens zwei Jahre betreiben. Dabei soll der Wagen solange gefahren werden, wie es wirtschaftlich vertretbar ist.

Der Wagen ist dann ein Anlagegut, oder **ein Gegenstand des Anlagevermögens**, der dazu bestimmt ist, dem Betrieb auf Dauer zu dienen. Anders ausgedrückt: Der Wagen ist nicht zum Weiterverkauf, sondern zur Nutzung bestimmt.

Im Juni nächsten Jahres muß der Wagen wahrscheinlich stillgelegt werden, weil es zuviel Geld kosten würde, ihn so herzurichten, daß das Mißtrauen des Prüfingenieurs gegenüber dem 16 Jahre alten Auto überwunden werden kann. Ob ein Altwagen-Verwerter mehr als die 20,— DM dafür bezahlen wird, die das Abmelden beim Straßenverkehrsamt kostet, ist höchst zweifelhaft. Aus einem Wert von 300,— DM — soviel hat das Auto gekostet, soviel ist es sicher im März auch noch wert — wird also in 15 Monaten ein Wert von null DM. Der Wagen gehört damit zum **abnutzbaren Anlagevermögen**. In allen 15 Monaten kann das Auto immer dann benutzt werden, wenn es erforderlich ist; es kommt nicht darauf an, ob z.B. in einem Monat 1000, im zweiten 2000, im dritten nur 500 km gefahren werden. Fast unabhängig von der gesamten Kilometerleistung wird es fahrbereit bleiben.

Wenn der Erfolg jedes einzelnen Monats ermittelt werden soll, muß jeder Monat mit dem Wertverlust des Autos belastet werden. Das erfolgt durch eine **Abschreibung** oder **Wertberichtigung**. In unserem Beispiel liegt es nahe, jeden Monat mit dem gleichen Betrag zu belasten, also mit 300,— DM : 15 Monate = 20 DM/Monat. Diese Abschreibung nennt man **linear**. Denkbar wäre auch eine Abschreibung nach der Kilometerleistung, wenn es z.B. wahrscheinlich wäre, daß das Auto nur noch 10 000 Kilometer fahren wird. Eine solche Abschreibung ist dann **nutzungsbedingt**; sie ist jedoch in der Praxis relativ selten.

Im Steuerrecht ist für „Abschreibung" die Abkürzung **AfA** (Absetzung für Abnutzung) üblich.

Auf einem Bestandskonto muß also solange das Auto ausgewiesen werden, bis es ausscheidet. Auf einem Erfolgskonto muß die Abschreibung vorgenommen werden. Wenn im Monat März 20,— DM abgeschrieben werden sollen, wird das Erfolgskonto belastet und das Bestandskonto um 20,— DM vermindert. Es wird z.B. für März gebucht:

Anlagevermögen

Zugang	270,–	Abschreibung	20,–
	30,–	Schlußbestand	280,–

Aufwand

Abschr. auf Anlagen	20,–		

Für den Monat April ergibt sich dann:

Anlagevermögen

Anfangsbestand	280,–	Abschreibung	20,–
		Schlußbestand	260,–

Aufwand

Abschr. auf Anlagen	20,–		

Im Monat Mai des nächsten Jahres würden die Konten dann so aussehen:

Anlagevermögen

Anfangsbestand	20,–	Abschreibung	20,–

Aufwand

Abschr. auf Anlagen	20,–		

Dieses Verfahren bezeichnet man als **direkte Abschreibung**.

Fleißig bucht danach unter Buchungsnummer 12 im Journal:

Hinweis auf den Geschäftsvorfall	Bu.-Nr.	Kto.-Bel.	Nr. Gut.	– Betrag – – DM –
Abschreibung VW-Käfer für März	12	SAA	030	20,–

3.2 Umlaufvermögen

Der Bestand an Büchern ist nicht dazu bestimmt, dauernd dem Betrieb zu dienen. Er gehört deshalb zum **Umlaufvermögen**. Die Bücher wurden zwar mit der Aussicht darauf eingekauft, daß sie zu einem höheren Preis wieder verkauft werden können, aber das wird i.d.R. nicht für jedes Exemplar so sein. Zudem muß einiges an Mühe und Arbeit, an Autofahrten usw. eingesetzt werden, um mehr zu bekommen, als an den Buchklub zu zahlen ist. Wenn Fleißig durch Kommilitonen verkaufen läßt, dann ist eine Provision, vielleicht auch eine Runde Bier, fällig.

Solange kein Buchbestand am Ende eines Monats vorhanden ist, genügt es, das Konto „390 — Handelsware" zu saldieren. Der Saldo entspricht dem Einstandswert der verkauften Handelsware. Sobald aber Bücher am Ende eines Monats noch darauf warten, im nächsten Monat (oder später) verkauft zu werden, lautet die Frage: Wie ist dieser Bestand zu bewerten? Die Antwort beeinflußt den Erfolgsposten „Einstandswert der verkauften Handelsware" sowohl des abgeschlossenen als auch desjenigen späteren Monats, in dem diese Bücher verkauft werden.

Die Antwort wäre einfach, wenn der Einstandswert der Bücher sich nicht verändert hat und sie im nächsten Monat beschafft würden, wären sie nicht schon vorhanden. Dann bliebe es beim Einstandspreis für die Bewertung. Es bleibt nach deutschem Bewertungsrecht auch beim Einstandspreis, wenn er seit dem Verkauf gestiegen ist. Ist er dagegen gesunken, so wird der Bestand trotz des höheren ursprünglichen Einstandspreises mit dem niedrigeren neuen bewertet. Ebenfalls wird niedriger bewertet, wenn im neuen Monat gar nicht diese Ware, sondern andere eingekauft würde, weil sich die jetzt noch vorhandenen Bestände schwerer verkaufen lassen als neu anzuschaffende.

Wir haben damit schon erste Beispiele für drei Prinzipien der Bewertung und Bilanzierung kennengelernt: Das **Anschaffungswert(-kosten)prinzip**, das **Realisationsprinzip** und das **Imparitätsprinzip**. Sie besagen: Es ist zu Anschaffungspreisen (Einstandspreisen, Anschaffungs-„kosten") zu bewerten, nicht zu Tagespreisen o. ä. (Anschaffungswertprinzip); Gewinne (hier: durch gestiegene Einstandspreise, die gezahlt werden müßten, wäre kein Bestand vorhanden) dürfen erst dann als Gewinne ausgewiesen werden, wenn sie durch Lieferung an Kunden realisiert sind (Realisationsprinzip); Verluste dagegen müssen schon dann ausgewiesen werden, wenn sie erkennbar sind (Imparitätsprinzip).

Nach diesen Regeln wird der Schlußbestand an Handelsware bewertet. Diese Regeln gelten auch für alle anderen, hier noch nicht genannten Gegenstände des Umlaufvermögens. Fleißig möge sich in unserem Beispiel für eine Bewertung seines Bücherbestandes mit 60,— DM entschieden haben. Dieser Betrag wird als Schlußbestand dem Konto „390 — Handelsware" gutgeschrieben und dem Schlußbilanzkonto belastet. Es handelt sich also um eine normale Schlußbestandsbuchung, wie wir Sie schon beim Konto „100 — Kasse" kennengelernt haben. Der Saldo, der sich nach Ausführung dieser Buchung ergibt, ist dann der Aufwand für bezogene Waren. Das Konto „390 — Handelsware" sieht dann so aus:

390 – HANDELSWARE

Zugang	500,–	Schlußbestand	60,–
		Aufwand für bezogene Ware	440,–
	-----		-----
	500,–		500,–
	======		======

Der **Aufwand für bezogene Waren** setzt sich hier also aus den beiden Beträgen „Einstandswert der verkauften Handelsware" und „vorgenommene Abwertungen auf den Schlußbestand" zusammen.

Die sich danach ergebenden Buchungssätze (Nr. 13 und 14) sind dann:

Hinweis auf den Geschäftsvorfall	Bu.-Nr.	Kto.-Bel.	Nr. Gut.	– Betrag – – DM
Schlußbestand Bücher	13	999	390	60,–
Aufwand für bezogene Waren	14	989	390	440,–

Weil auch der Kassenbestand zum Umlaufvermögen gehört, muß, streng genommen, auch dieser gezählt werden. Würde sich nach Ausführung der Schlußbestandsbuchung noch ein Saldo auf dem Kassenkonto ergeben, so müßte auch dieser als „Kassenfehlbestand" oder „Kassenüberschuß" zu Lasten bzw. zu Gunsten des Gewinn- und Verlustkontos gebucht werden. Unterstellen wir hier aber, daß bei Fleißig noch 224,— DM in der Kasse sind, als der März zu Ende geht.

Fleißig hat 45,— DM Kraftfahrzeugsteuer und 240,— DM Haftpflichtversicherung für die drei Monate März, April und Mai, also für den laufenden Monat, und für weitere zwei Monate im voraus, bezahlt. Er hat damit zwei Ansprüche erworben: Das Auto im April und Mai fahren zu dürfen und bei einem von ihm verschuldeten Unfall von der Pflicht zum Begleichen des Schadens beim Unfallgegner zu Lasten seiner Versicherung befreit zu werden. Bei normalem Gang der Dinge hat er keinen Anspruch auf Geld; nur bei Stillegung/Verkauf des Autos könnte er sein Geld teilweise zurückverlangen. Solche Nicht-Geld-Ansprüche werden als Rechnungsabgrenzungs-Posten berücksichtigt.

3.3 Rechnungsabgrenzungsposten (RAP)

Erworbene und bezahlte Rechte, soweit sie nicht dauernd dem Betrieb zu dienen bestimmt und damit Anlagevermögen sind (z.B. Patente, Lizenzen) werden in der Bilanz unter dem **Posten der Rechnungsabgrenzung** (RAP) ausgewiesen. Weil das beim Buchen der Zahlung nicht ohne weiteres erkennbar ist und weil Zahlungen möglichst schnell gebucht werden sollen, wird man die Zahlung zunächst zu Lasten des Aufwandskontos buchen und erst am Schluß der Rechnungsperiode fragen, ob Rechte im voraus bezahlt wurden. Soweit es sich nicht um ausgesprochene Bagatellbeträge handelt, belastet man mit dem Betrag der Vorauszahlung das Konto „098 – Aktive Rechnungsabgrenzung“ und schreibt diesen Betrag dem zunächst belasteten Aufwandskonto wieder gut.

Für unsere beiden Beispiele würden wir dann die folgenden Buchungen erhalten:

113-Bankgiro

	KFZ-Steuer 45,–
	KFZ-Vers. 240,–

SAA-Sammelkonto Aufwendungen

KFZ-Steuer 45,–	KFZ-St.+Vers. für später 190,–
KFZ-Vers. 240,–	

098-Aktive Rechnungsabgrenz.

Kfz-St.+Vers. für später 190,–	

Fleißig bucht also (Buchungsnummer 15):

Hinweis auf den Geschäftsvorfall	Bu.-Nr.	Kto.-Bel.	Nr. Gut.	– Betrag – - DM -
KFZ-Steuer und -Versicherung für April und Mai, schon bezahlt	15	098	SAA	190,–

3.4 Vollständiger Geschäftsgang mit Periodenabgrenzung

Die oben beschriebenen Geschäftsvorfälle des Buchvertriebs Max Fleißig im Monat März lassen sich nun mit Hilfe des Gelernten über die

- Abschreibung auf das Anlagevermögen
- Ermittlung des Aufwands für bezogene Ware
- Abgrenzung der vorausbezahlten Aufwendungen

zu einem vollständigen Geschäftsgang aufbauen. Er ist in Abb. 7 dargestellt.

Mit den Buchungen 1 bis 3 werden die Zahlen des Schlußbilanzkontos des Monats Februar als Anfangsbestände **(Salden-Vorträge)** auf die Konten für den Monat März übertragen. Es ergeben sich keine Unterschiede zu den entsprechenden Buchungen für den Monat Februar (vgl. Abb. 6).

Für den Kauf des VW-Käfers mit sofortiger Nutzung als „Firmenwagen" mußte ein eigenes Konto eingerichtet werden, denn es handelt sich um den ersten Posten des Anlagevermögens, den Fleißig erwirbt. Dafür ist im Gemeinschaftskontenrahmen die Kontonummer 030 vorgesehen, die wir übernehmen (Buchung Nr. 4).

Die vier dann folgenden Vorfälle (Zulassung, Kfz-Steuer, Kfz-Haftpflicht, Benzin) belasten alle das Konto SAA (Buchungsnummern 5 bis 8). Bücher-Eingang und -Verkauf werden ebenso gebucht wie schon im Februar (Buchungs-Nr. 9 und 10). Die Einzahlung von Bargeld auf das Bank-Kontokorrentkonto wurde bereits im Januar in gleicher Weise gebucht (Buchungs-Nr. 11).

Es folgen jetzt vier Buchungen, die den Abschluß vorbereiten:

- Abschreibung auf den VW-Käfer (Nr. 12),
- Ermittlung und Bewertung des Schlußbestandes an Büchern, also **Inventur** und **Inventar** (Nr. 13),
- als Saldo des Kontos „390 — Handelsware" 440 DM, die Aufwand für bezogene Ware (genauer: Einstandspreis der verkauften Handelsware plus Abwertungen des Schlußbestandes) sind; dieser Betrag wird auf das GuV-Konto übertragen (Buchungs-Nr. 14),
- Abgrenzung der schon vorausbezahlten KFZ-Steuer und -Haftpflichtversicherung, die zunächst dem Sammelkonto für alle Aufwendungen belastet wurden, obwohl sie nur zu einem Drittel für den Monat März, zu je einem weiteren Drittel für die Monate April und Mai bezahlt wurden (Buchungs-Nr. 15).

Streng genommen ist die Buchungs-Nr. 14 schon eine **Abschlußbuchung**, weil der Saldo des Kontos „390 — Handelsware" ermittelt und auf das zugehörige Abschlußkonto übertragen wird. Bei den drei anderen Buchungen handelt es sich um die sogenannten **vorbereitenden Abschlußbuchungen.**

Danach können die Salden aller Konten (außer „390 — Handelsware") gezogen und auf das jeweilige Abschlußkonto übertragen werden, also entweder auf das Schlußbilanzkonto oder auf das Gewinn- und Verlustkonto (Buchungsnummern 16 bis 22).

Der Saldo des Kontos „989-Gewinn- und Verlustrechnung" wird gezogen und auf das Konto „070-Eigenkapital" übertragen. Es handelt sich um einen Gewinn von 379,— DM. Bei den wenigen Posten auf dem Gewinn- und Verlustkonto läßt sich noch ohne weiteres erkennen wie er zustande gekommen ist: 1000,— DM Umsatzerlösen stehen 440,— DM Aufwand für bezogene Waren und 181,— DM sonstiger Aufwand gegenüber. 379,— DM wurden also im März verdient. Das aus dem Vormonat übernommene Eigenkapital von 240,— DM wird durch den Gewinn des Monats März auf 619,— DM erhöht.

Nach Übertragung der 619,— DM auf das Schlußbilanzkonto ergibt sich auf beiden Seiten eine Bilanzsumme von 1119 DM (Buchungs-Nr. 25).

JOURNAL	Buchvertrieb Max Fleißig, Monat März 19 . .			
Hinweis auf den Geschäftsvorfall	Bu.-Nr.	Kto.-Bel.	Nr. Gut.	– Betrag – – DM –
Anfangsbestand Kasse	1	100	998	390,–
Anfangsbestand Eigenkapital	2	998	070	240,–
Anfangsbestand Bankschulden	3	998	113	150,–
Kauf VW-Käfer, bar	4	030	100	270,–
Zulassung Straßenverkehrsamt	5	030	100	30,–
KFZ-Steuer, Banküberweisung	6	SAA	113	45,–
KFZ-Haftpflichtversicherung, Banküberweisung	7	SAA	113	240,–
Benzin getankt, bar	8	SAA	100	30,–
Bücher vom Buchklub abgeholt, 30 Tage Ziel	9	390	160	500,–
Bücher verkauft, bar (40 Ex.)	10	100	850	1000,–
Bareinzahlung, Bankgiro	11	113	100	800,–
Abschreibung VW-Käfer für März	12	SAA	030	20,–
Schlußbestand Bücher	13	999	390	60,–
Aufwand für bezogene Waren	14	989	390	440,–
KFZ-Steuer + -Vers. April + Mai, schon bezahlt	15	098	SAA	190,–
Saldo Konto Betr.- + Geschäftsausstattung	16	999	030	280,–
Saldo Konto Aktive Rechnungsabgrenzung	17	999	098	190,–
Saldo Konto (= Kassenbestand)	18	999	100	224,–
Saldo Konto Bankgiro (= Auszug)	19	999	113	365,–
Saldo Konto Verbindlichkeiten	20	160	999	500,–
Saldo Konto SAA	21	989	SAA	181,–
Saldo Konto Umsatzerlöse Handel	22	850	989	1000,–
Saldo Konto GuV	23	989	070	379,–
Saldo Konto Eigenkapital	24	070	999	619,–

Abb. 7a: Vollständiger Geschäftsgang Max Fleißig, Monat März; Journal

030-Betr.- + Gesch.ausstattung

4)	100	270,–	12)	SAA	20,–
5)	030	30,–	16)	999	280,–
		300,–			300,–

390-Handelsware

9)	160	500,–	13)	999	60,
			14)	989	440,
		500,–			500,–

070-Eigenkapital

24)	999	619,–	2)	998	240,–
			23)	989	379,–
		619,–			619,–

SAA-Sammelkonto Aufwendungen

6)	113	45,–	15)	098	190,–
7)	113	240,–	21)	989	145,–
8)	100	30,–			
12)	030	20,–			
		335,–			335,–

098-Aktive Rechnungsabgrenz.

15)	SAA	190,–	17)	999	190,–
		190,–			190,–

850-Umsatzerlöse Handel

22)	989	1000,–	10)	100	1000,–
		1000,–			1000,–

100-Kasse

1)	998	390,–	4)	030	270,–
10)	850	1000,–	5)	030	30,–
			8)	SAA	30,–
			11)	113	800,–
			18)	999	260,–
		1390,–			1390,–

989-Gewinn- und Verlustkonto

14)	390	440,–	22)	850	1000,–
21)	SAA	145,–			
23)	070	415,–			
		1000,–			1000,–

113-Bankgiro

11)	100	800,–	3)	998	150,–
			6)	SAA	45,–
			7)	SAA	240,–
			20)	999	365,–
		800,–			800,–

998-Anfangsbilanzkonto

2)	070	240,–	1)	100	390,–
3)	113	150,–			
		390,–			390,–

160-Verbindlichkeiten (L + L)

20)	999	500,–	9)	390	500,–
		500,–			500,–

999-Schlußbilanzkonto

13)	390	60,–	20)	160	500,–
16)	030	280,–	24)	070	655,–
17)	098	190,–			
18)	100	260,–			
19)	113	365,–			
		1155,–			1155,–

Abb. 7b: Vollständiger Geschäftsgang Max Fleißig, Monat März; T-Konten

Damit ist ein vollständiger Geschäftsgang, von der Anfangsbilanz über acht Geschäftsvorfälle, drei vorbereitende Abschlußbuchungen und zehn Abschlußbuchungen ausgeführt worden. Die wesentlichen Arten von Geschäftsvorfällen, soweit sie den Anfänger noch nicht überfordern, mit vorbereitenden Abschlußbuchungen sind nun bekannt. Bevor zu den schwierigeren Geschäftsvorfällen übergegangen wird, ist es gut, ein Mittel zur

Erleichterung der formalen Abschlußarbeiten kennenzulernen. Das wird im nächsten Abschnitt geschehen.

Bisher wurde nach Ausführung aller Buchungen der Saldo jedes Kontos gezogen und auf das Abschlußkonto übertragen. Anschließend wurde der Saldo des Gewinn- und Verlustkontos gezogen und auf das Eigenkapitalkonto übertragen. Spätestens dann hätte ein spannender Moment kommen können: Stimmen die Summen beider Seiten des Schlußbilanzkontos überein? Hätten sie nicht übereingestimmt, so wäre das ein sicheres Zeichen für einen Buchungsfehler oder einen Rechenfehler beim Saldieren gewesen. Alle Konten waren aber schon abgeschlossen. Im Anschluß an die Suche nach dem Fehler wäre es dann nötig gewesen, den (die) Buchungsfehler durch Neueröffnen des Kontos (der Konten) zu bereinigen.

Wenn ein Monatsabschluß erstellt wird wie in unseren Beispielen, müssen Monat für Monat die **Eröffnungsbuchungen** (Übertragen der Anfangsbestände auf die Konten), die vorbereitenden und die eigentlichen Abschlußbuchungen durchgeführt werden. Das Zahlenverhältnis zwischen diesen Buchungen und denen für die Geschäftsvorfälle des Monats wird zwar nicht immer so ungünstig sein wie im letzten Beispiel (Abb. 7, mit acht Geschäftsvorfällen, aber 16 Eröffnungs- und Abschlußbuchungen). Dennoch wäre es Monat für Monat eine erhebliche und, wie sich zeigen wird, unnötige Arbeit, Konten zu eröffnen und abzuschließen. Die durch einen Monatsabschluß gewonnene Sicherheit und die gewonnenen Aufschlüsse erhält man einfacher durch Aufstellen der Abschlußübersicht (auch Hauptabschlußübersicht oder Betriebsübersicht genannt).

3.5 Die Abschlußübersicht

Für die Abschlußübersicht wird ein Formular genommen, das soviele Zeilen erhält, wie Konten — außer GuV- und Schlußbilanzkonto — geführt werden; für unser letztes Beispiel sind es also neun Zeilen. Die Konto-Nummern und evtl. auch die Konto-Bezeichnungen werden links eingetragen. In die nächsten beiden Spalten werden die Summen der auf den Konten bisher gebuchten Beträge, getrennt nach Soll- und Habenspalte, eingetragen. In der Praxis ist es üblich, diese Summen klein mit Bleistift unter die jeweils letzte Buchung einzutragen und dann auf die Abschlußübersicht zu übertragen. Die beiden Spalten der Abschlußübersicht mit diesen Zahlen heißen **Kolonne der Summenbilanz.** Nach Eintragen der Summe der Soll- und der Summe der Habenbuchungen aller Konten auf die Abschlußübersicht werden diese Summen aufaddiert, woraus sich eine erste Kontrollmöglichkeit ergibt: Stimmen die Summen aller Sollbuchungen aller Konten mit der Summe aller Habenbuchungen aller Konten überein?

Die Abschlußübersicht, zunächst nur mit der Kolonne „Summenbilanz" für den Buchvertrieb Max Fleißig würde nach Ausführung der Buchungen 1 bis 11 (vgl. Abb. 7) so aussehen:

Konto-Nr.	Kontenbezeichnung	Summenbilanz Soll	Haben
030	Betriebs- + Gsch.ausstattung	300,–	
070	Eigenkapital		240,–
098	Aktive Rechnungsabgrenzung		
100	Kasse	1390,–	1166,–
113	Bankgiro	800,–	435,–
160	Verbindlichkeiten (L + L)		500,–
390	Handelsware	500,–	
SAA	Sammelkonto Aufwendungen	351,–	
850	Umsatzerlöse		1000,–
	Summe	3341,–	3341,–

Danach werden die Salden aller Konten gezogen, also für das Konto 100 mit 224,– DM, für das Konto 113 mit 365,– DM. Bei den anderen Konten entspricht der Saldo den jeweiligen Beträgen auf der Soll- oder Habenseite der Summenbilanz. Diese Salden werden in die zweite Kolonne, die **Saldenbilanz**, eingetragen. Sie werden in diejenige Spalte der Saldenbilanz eingetragen, die in der Summenbilanz den größeren Betrag auswies, für das Konto 030 also in die Sollspalte mit 300,– DM, für das Konto 100 ebenfalls in die Sollspalte mit 224,– DM, usw.. Danach wird wieder aufaddiert und geprüft: Ist die Summe der Sollspalte der Saldenbilanz gleich der Summe der Habenspalte der Saldenbilanz?

Bis hierher handelt es sich um eine reine Übertragungs- und Rechenarbeit, die einmal der Kontrolle dient, zum andern aber den nächsten Schritt vorbereitet: Die Prüfung, welche vorbereitenden Abschlußbuchungen erforderlich sind und mit welchen Beträgen.

Beim Geschäftsgang „Buchvertrieb Max Fleißig, Monat März" wurde im Zuge der vorbereitenden Abschlußbuchungen als erstes die Abschreibung auf den VW-Käfer vorgenommen, dann wurde die Abgrenzung der vorausbezahlten Kfz-Steuer und -Versicherung ausgeführt. Weiter erfolgten noch die Abschlußbuchungen auf dem Konto „390-Handelsware", die in der Abschlußübersicht anders berücksichtigt werden. Die vorbereitenden Abschlußbuchungen erfolgen in der Abschlußübersicht in einer eigenen Kolonne, meistens als „Nachtragsbuchungen" bezeichnet. Nur mit den beiden erwähnten Buchungen als Nachtragsbuchungen würde die Abschlußübersicht jetzt so aussehen:

Konto-Nr.	Summenbilanz Soll	Summenbilanz Haben	Saldenbilanz Soll	Saldenbilanz Haben	Nachtragsbuchungen Nr.	Nachtragsbuchungen Soll	Nachtragsbuchungen Haben
030	300,–		300,–		12		20,–
070		240,–		240,–			
098					15	190,–	
100	1390,–	1166,–	224,–				
113	800,–	435,–	365,–				
160		500,–		500,–			
390	500,–		500,–				
SAA	351,–		351,–		12/15	20,–	190,–
850		1000,–		1000,–			
Summen	3341,–	3341,–	1740,–	1740,–		210,–	210,–
	======	======	======	======		=====	=====

Nach Ausführen der Nachtragsbuchungen wird erneut eine Saldenbilanz gezogen; zur Unterscheidung wird die Saldenbilanz vor Nachtragsbuchungen mit dem Zusatz „I“, die nach den Nachtragsbuchungen mit dem Zusatz „II“ versehen.

Gegenüber der Ausführung der vorbereitenden Abschlußbuchungen auf Konten fehlt jetzt noch die Eintragung des Schlußbestandes der Handelsware und die danach erst mögliche Ermittlung des Aufwands für bezogene Waren. Beides erfolgt in zwei weiteren Kolonnen der Abschlußübersicht, den Kolonnen „Schlußbilanz“ und GuV-Rechnung“ (manchmal auch als „Vermögensrechnung“ und „Erfolgsrechnung“ bezeichnet).

Das Ergebnis der Bewertung des Schlußbestandes an Handelsware wird in der Spalte „Aktiva“ der Kolonne „Schlußbilanz“ eingetragen. Als Saldo aus dem Betrag lt. Saldenbilanz II und lt. Schlußbilanz ergibt sich dann der Aufwand für bezogene Waren, der in die Spalte „Aufwand“ der Kolonne „GuV-Rechnung“ übernommen wird. Damit ist die Zeile für das Konto „390 — Handelsware“ abgearbeitet, in unserem Beispiel also mit 60,— DM Schlußbestand und 440,— DM Aufwand für bezogene Waren.

Die Beträge lt. Saldenbilanz II der anderen Konten werden entweder — für Bestandskonten — in die Kolonne „Schlußbilanz“ oder — für Erfolgskonten — in die Kolonne „GuV-Rechnung“ übernommen. Danach wird der Saldo der Kolonne „GuV-Rechnung“ ermittelt. Er entspricht dem Gewinn oder Verlust.

Er wird in die letzte Zeile der Kolonne „Gewinn und Verlust“ und der Kolonne „Schlußbilanz“ eingetragen, in die linke Spalte („Aufwand“ überschrieben) der Kolonne „Gewinn und Verlust“, und in die rechte Spalte („Passiva“) der Kolonne „Schlußbilanz“, wenn es sich um einen Gewinn handelt. Ein Verlust müßte in die rechte Spalte der „Gewinn und Verlust“ — Kolonne und die linke Spalte der Schlußbilanzkolonne eingetragen werden.

Danach ergeben sich für beide Spalten jeder Kolonne dieselben Summen.

030-Betr.- + Gesch.ausstattung

4)	100	300,–			

070-Eigenkapital

			2)	998	240,–

100-Kasse

1)	998	390,–	4)	030	300,–
10)	850	1000,–	5)	SAA	36,–
		Σ 1390	8)	SAA	30,–
			12)	113	800,–
					Σ 1166

113-Bankgiro

11)	100	800,–	3)	998	150,–
			6)	SAA	45,–
			7)	SAA	240,–
					Σ 435

160-Verbindlichkeiten

			9)	390	500,–

390-Handelswaren

9)	160	500,–			

SAA-Sammelkonto Aufwendungen

5)	100	36,–			
6)	113	45,–			
7)	113	240,–			
8)	100	30,–			
		Σ 351			

850-Umsatzerlöse

			10)	100	1000,–

ABSCHLUSSÜBERSICHT

Konto-Nr.	– Summen- – bilanz		– Salden- – bilanz I		– Nachtrags- – buchungen			– Salden- – bilanz II		– Schluß- – bilanz		- Gewinn + Verlust	
	Soll	Haben	Soll	Haben	Nr.	Soll	Haben	Soll	Haben	Aktiv	Pass.	Aufw.	Ertr.
030	300		300		12		20	280		280			
070		240		240					240		240		
098					15	190		190		190			
100	1390	1166	224					224		224			
113	800	435	365					365		365			
160		500		500					500		500		
390	500		500					500		60		440	
SAA	351		351		12/15	20	190	181				181	
850		1000		1000					1000				1000
G/V:											379	379	
	3341	3341	1740	1740		210	210	1740	1740	1119	1119	1000	1000

Abb. 8: Buchvertrieb Max Fleißig, T-Konten und Abschlußübersicht für den Monat März

Abb. 8 zeigt die vollständige Abschlußübersicht für den Monat März beim Buchvertrieb Max Fleißig. Oben sind nochmals die T-Konten abgebildet, jedoch nur mit den Buchungen 1 bis 11, also Anfangsbeständen und Geschäftsvorfällen. Alle vorbereitenden Abschlußbuchungen und die eigentlichen Abschlußbuchungen wurden nicht mehr auf den Konten ausgeführt, sondern nur noch in der Abschlußübersicht. Sie ermöglicht alle notwendigen Kontrollen und erleichtert die Übersicht. Bei Fehlern ist die Suche und die anschließende Berichtigung einfacher als bei schon abgeschlossenen Konten. Darüber hinaus ist es sogar möglich, alle Erkenntnisse eines vollständigen Abschlusses zu gewinnen, ohne die lästige Schreibarbeit beim Abschließen der Konten. Wenn Fleißig z.B. einen Monatsabschluß zur Kontrolle und zur Ermittlung des Monatserfolges erstellen, die T-Konten aber bis zum Jahresende weiterführen will, hat er mit dem einfachen Abschlußübersichts-Formular dazu eine gute technische Hilfe.

Damit ist die doppelte Buchhaltung mit einem einfachen Abschluß besprochen. Ausgeklammert wurden bisher die schwierigen Geschäftsvorfälle und Abschlußbuchungen. Sie folgen in den Kapiteln 4 bis 6.

Test zu Kapitel 3

Unten steht eine Reihe von Kurzdefinitionen zu Begriffen, die sie im Kapitel 3 kennengelernt haben. Tragen Sie den Begriff auf die Linie oberhalb der Definition ein.

- - - - - - - - - - - - - - - - - -

Teil des betrieblichen Vermögens, der dazu bestimmt ist, dauernd im Betrieb zu verbleiben.

- - - - - - - - - - - - - - - - - -

Erfassen der Wertminderung eines Vermögensgegenstandes durch die Buchhaltung.

- - - - - - - - - - - - - - - - - -

Teil des betrieblichen Vermögens, der nicht dazu bestimmt ist, dauernd im Betrieb zu bleiben.

- - - - - - - - - - - - - - - - - -

Regel, nach der zunächst derjenige Betrag zur Bewertung herangezogen wird, der für den betreffenden Vermögensgegenstand bezahlt wurde/zu bezahlen ist, nicht dagegen der u.U. höhere Tageswert.

- - - - - - - - - - - - - - - - - -

Regel, nach der ein Gewinn in der Buchhaltung erst dann ausgewiesen werden darf, wenn der Betrieb einen Zahlungsanspruch durch Erfüllung eines Vertrages erworben hat.

- - - - - - - - - - - - - - - - - -

Regel, nach der ein Verlust in der Buchhaltung schon dann ausgewiesen werden muß, wenn er erkennbar ist.

Position in der Bilanz für den Ausweis von Rechten, die noch genutzt werden können und schon bezahlt sind, aber nicht zum Anlagevermögen gehören.

Mengenmäßige Ermittlung eines Bestandes.

Bewertung eines Bestandes. Oder: Verzeichnis eines Bestandes mit Angabe von Beträgen, nicht nur Mengen.

Tabelle zur technischen Erleichterung des Erstellens von Bilanz und GuV-Rechnung sowie des Erkennens der Folgen von Fehlern beim Buchen.

Übungsaufgabe zu Kapitel 3

Unten stehen alle Angaben zu einem vollständigen Geschäftsgang. Auf S. 62 bis 64 finden Sie die Vordrucke für das Journal, die T-Konten und die Abschlußübersicht. Alle erforderlichen T-Konten sind schon vorgedruckt.

Fritz Tipper setzt seine Geschäftstätigkeit im Monat März fort. Er bucht zunächst seine Anfangsbestände, die den Schlußbeständen des Monats Februar entsprechen (vgl. Übungsaufgabe zu den Abschnitten 2.3 bis 2.5, S. 42).

Er erwirbt zunächst einen gebrauchten VW-Bus für 2400,— DM, der noch mindestens zwei Jahre brauchbar sein dürfte. 400,— DM zahlt er durch eine Banküberweisung an, 2000,— DM stundet der Gebrauchtwarenhändler mit der Vereinbarung, daß er im April und Mai je 1000,— DM abzahlen soll. Kfz-Steuer und -Haftpflichtversicherung überweist Tipper für ein Jahr im voraus, was zusammen 1200,— DM kostet (Bankgiro). Die Umschreibung beim Straßenverkehrsamt kostet 48,— DM, die er in bar bezahlt, ebenso wie die erste Tankfüllung mit 50,— DM.

Er hört sich um, wie er billiger als über das Versandhaus an Schreibmaschinen, Taschen- und Heimcomputer kommen kann. Er erfährt die Adresse eines Händlers, der Posten aus Versicherungsschäden, Konkursen, Rücknahmen u.ä. auf- und wieder postenweise verkauft. Tipper holt 2000,— DM von der Bank, fährt zum Händler und erhält 12 Reiseschreibmaschinen „Odysseus“ 50 Taschenrechner „Noli turbare“ und fünf Heimcomputer „Gauscal“ für zusammen 1999,— DM.

Im Vorraum der Mensa eröffnet Tipper einen Verkaufsstand. Er nimmt im Laufe des Monats insgesamt 3500,— DM in bar ein. An Kommilitonen, die ihm beim täglichen Aufbau des Standes, beim Verkaufen und danach beim

Verstauen der nicht verkauften Ware in den VW-Bus helfen, zahlt er insgesamt 500,— DM. Für einen Stempel und einen Quittungsblock gibt er 25,— DM aus. Auf Postgiro- und Bankkonto zahlt er je 1000,— DM ein. Durch Überweisung vom Postgirokonto zahlt er an den Gebrauchtwagenhändler die Rate für den Monat April schon am 30. 3.

Am 31. 3. zählt Tipper die noch vorhandenen Bestände: zwei Schreibmaschinen, von denen eine durch das ständige Vorführen sehr gelitten hat; drei Taschenrechner; ein Heimcomputer. Tipper schätzt, daß er alles zusammen im April für rund 500,— DM wird verkaufen können, allerdings mit einiger Mühe. Er setzt deshalb als Wert die Hälfte an, etwa den Preis, den er für diesen „Restposten" beim Postenhändler bezahlen müßte.

Buchen Sie nun alle Vorgänge im Journal, auf den T-Konten und übertragen Sie die Zahlen dann auf die Abschlußübersicht. Der VW-Bus mit Kfz-Steuer und -Versicherung erfordert noch einige Überlegungen mit anschließender Buchung.

JOURNAL ZU ÜBUNGSAUFGABE Kapitel 3

Hinweise zum Geschäftsvorfall:	Buch.-Nr.:	Konto-Nummer Soll:	Haben	Betrag DM

Bu. Nr.	Gg. kt.	Betrag DM	Bu. Nr.	Gg. kt.	Betrag DM	Bu. Nr.	Gg. kt.	Betrag DM	Bu. Nr.	Gg. Kt.	Betrag DM

Einführung und Übersicht sind damit abgeschlossen. Zum ersten Verständnis dessen, was Finanzbuchhaltung ist und wie gebucht wird, genügt das bisher Besprochene (und hoffentlich auch Gelernte). Es genügt noch nicht, um einen normalen Abschluß zu verstehen, wie er z.B. von jeder Aktienge-

ABSCHLUSSÜBERSICHT ZU ÜBUNGSAUFGABE Fritz Tipper, März

Konten-bezeichnung	Konto-Nr.	Summen-bilanz		Salden-bilanz I		Nachtrags-buchungen			Salden-bilanz II		Schluß-bilanz		Gewinn + Verlust	
		Soll	Haben	Soll	Haben	Nr.	Soll	Haben	Soll	Haben	Aktiv	Pass.	Aufw.	Ertr.
	G/V:													

sellschaft veröffentlicht wird, deren Aktien zum Börsenhandel zugelassen sind. Die dafür erforderlichen Kenntnisse wird der Teil „Vertiefung" zu vermitteln versuchen. Vorher ist es zweckmäßig, einige Einzelheiten über den Arbeitsablauf in „der Buchhaltung" eines Betriebes kennenzulernen. Dazu soll der folgende Exkurs verhelfen.

Exkurs: Zum Arbeitsablauf in der Buchhaltung
Zur Arbeitsteilung: Buchhaltung im Haus oder außer Haus

Max Fleißig konnte seine wenigen Geschäftsvorfälle selbst aufzeichnen und zu einem Abschluß aufbereiten. Wäre er Student der Wirtschaftswissenschaft, so wäre das für ihn auch die beste Gelegenheit, erste Routine in einem wichtigen Teilbereich seines Studiums zu erwerben. Dagegen würden sich Inhaber anderer Klein- und auch Mittelbetriebe durch das intensivere Befassen mit Buchhaltungsarbeiten u.U. überfordern, zumindest zeitlich. Die eigentlichen Buchhaltungsarbeiten werden für solche Betriebe deshalb häufig „außer Haus" erledigt, z.B. beim Steuerberater oder bei einer eigenen „Buchstelle für ...". Die drei Punkte stehen dabei für eine Branche, einen Wirtschaftszweig oder einfach für eine Region. Lieferanten ganzer Buchhaltungssysteme haben sich z.T. ebenfalls einen eigenen Geschäftszweig angegliedert, der Buchhaltung außer Haus für die Kunden ausführt.

Im einfachsten Fall werden in einem Betrieb, der seine Buchhaltung außer Haus erledigen läßt, nur die anfallenden Belege gesammelt und es wird ein Kassenbuch geführt. So könnte es z.B. für einen kleinen Einzelhändler genügen, wenn er täglich seine baren Einnahmen in ein Kassenbuch einträgt, dazu die wenigen Barausgaben, und sonst anfallenden Belege sammelt. Am Monatsende übergibt er Belege und Kassenbuch seiner Buchstelle, die alles etwa in der Art bucht, wie es Fleißig für den Monat März getan hat. Den erstellten Monatsabschluß schickt sie dem Händler zurück. Die zwölf Monatsabschlüsse werden von der Buchungsstelle bis zum Jahresabschluß weitergeführt, den dann der Steuerberater — häufig in Personalunion auch Inhaber oder Teilhaber der Buchstelle — für seine anschließende Arbeit nutzt, die in Steuerbilanz und -erklärung mündet.

Sogar Großbetriebe überlassen diesen letzten Teil der Arbeit im Rechnungswesen, also alles vom formalen Abschluß bis zur Steuererklärung, in vielen Fällen ihrem Steuerberater.

Von dem einen Extrem — nur Führen des Kassenbuches und Sammeln der Belege — bis zum anderen — alles bis zum formalen Jahresabschluß im eigenen Haus — gibt es alle Varianten der Arbeitsteilung zwischen der Buchhaltung im eigenen Haus und der außer Haus. Alle im nächsten Abschnitt zu beschreibenden Arbeiten, außer dem Führen des Kassenbuches, können also entweder im eigenen oder außer Haus durchgeführt werden.

Zum Arbeitsgang: Geschäftsvorfall bis Steuerbilanz

Ein Geschäftsvorfall ist ein Vorgang im Betrieb, der zur Buchung führt (vgl. Abschnitt 1.2). Weil nicht von vornherein klar ist, ob ein Vorgang zur Buchung führt oder nicht, muß also zunächst geprüft werden, was außer den Standardvorfällen, bei denen von vornherein klar ist, daß sie zu einer Buchung führen, im Betrieb geschehen ist. Das geschieht weniger im Alltag, bei dem die Standardvorfälle

- Zahlungen
- Wareneingang
- Warenausgang

fast automatisch zu Buchungsbelegen führen, die anschließend zu buchen nur eine Arbeit ist, die aber keine Fragen aufwirft. Beim Jahresabschluß, evtl. schon beim Monatsabschluß, muß dagegen immer erst geprüft werden, ob noch Geschäftsvorfälle zu buchen sind, für die bisher keine Buchungsbelege vorliegen.

Der Monatsabschluß ist i.d.R kein Abschluß in dem Sinne, wie wir ihn bei Fleißig kennengelernt haben, also mit Abschreibungen, Rechnungsabgrenzung und Feststellung des Warenbestandes. Häufig begnügt man sich mit zwei rein formalen Prüfungen:
Stimmt die Summe aller Sollbuchungen mit der Summe aller Habenbuchungen, die Summe aller Soll- mit der Summe aller Habensalden überein?

- Stimmen die Salden der Konten 100-Kasse, 110-Postgiro und 113-Bankgiro mit dem Kassenbestand bzw. den Kontoauszügen überein?

Außer dieser rein formalen Prüfung sollten zumindest noch die folgenden Fragen anhand der Saldenbilanz aufgeworfen werden:

- Wie hat sich der Warenbestand, ermittelt aus Anfangsbestand, Zugängen und Abgängen entwickelt? Da die Abgänge i.d.R. nicht mit Werten festgehalten werden, kann man sie anhand der Zahlen des Umsatzes abzüglich der Handelsspanne schätzen.
- Sind die Zahlungsverpflichtungen der nächsten Zeit erfüllbar?

Bei der Buchhaltung außer Haus kommen diese Zahlen im allgemeinen zu spät. Sie müssen deshalb vorab im Hause ermittelt werden.

Dagegen wird eine Buchhaltung außer Haus, wie auch eine etwas weiter systematisierte Buchhaltung im Haus monatlich zumindest eine formale Gewinn- und Verlustrechnung erstellen, evtl. ohne Abschreibungen und Rechnungsabgrenzung.

Die üblichen in der Buchhaltung anfallenden Arbeitsschritte kann man so gliedern:

1. **Buchungsbelege erstellen**

a) Anfallende Belege prüfen, ob sie zu Buchungen führen. Evtl. zusätzliche Vermerke anbringen, die zum späteren Buchen erforderlich sind. Dadurch entstehen Buchungsbelege.

b) Dafür sorgen, daß für diejenigen Geschäftsvorfälle, für die noch keine Buchungsbelege vorliegen, diese angefordert oder aber selbst erstellt werden.

2. **Kontieren**

Entscheiden, welches Konto belastet, welches erkannt werden muß. Evtl. vorher die Beträge aufteilen, wenn mehr als ein Konto belastet bwz. erkannt werden muß.

3. **Buchen**

a) im Journal

b) auf Konto und Gegenkonto

Bei manueller oder maschineller Durchschreibebuchführung werden Journal und Konto, evtl. auch das Gegenkonto in einem einzigen Arbeitsgang beschriftet.

4. **Abschluß erstellen**

a) Formal zumindest durch Erstellen einer Summen- und Saldenbilanz

b) Materiell, d.h. mit Prüfung, ob alle Geschäftsvorfälle wirklich gebucht worden sind.

Wenn ein Abschluß bis hierher erstellt wurde, beginnen u.U. noch Überlegungen zur Bilanzpolitik, d.h. zu Maßnahmen, die innerhalb der zahlreichen gesetzlichen und steuerlichen Möglichkeiten das Bild der Bilanz, der Gewinn- und Verlustrechnung und auch der aus der Bilanz abgeleiteten Steuerbilanz wunschgemäß gestalten.

Auf die zahlreichen Möglichkeiten der Bilanzpolitik kann hier nicht eingegangen werden. Ihre Ziele sind u.a.

- die Bilanzkennzahlen gut erscheinen zu lassen (z.B. Verhältnis von Eigen- zu Fremdkapital, Verhältnis von langfristig gebundenem Vermögen zu langfristigen Mitteln),
- den ausgewiesenen Gewinn als normal bis gut erscheinen zu lassen, aber weder zu schlecht noch zu gut,
- Gewinn und Vermögen so auszuweisen, daß so wenig Steuer wie möglich gezahlt werden muß.

Das dritte Ziel haben selbstverständlich alle Betriebe, das erste vor allem die, die auf viel Fremdkapital angewiesen sind, das zweite die, deren Abschluß veröffentlicht wird und die den ausgewiesenen Gewinn an Aktionäre oder Gesellschafter ausschütten müssen.

Der nach dem Handelsgesetzbuch erstellte Abschluß ist Grundlage der **Steuerbilanz**. Diese wird — vereinfachend erläutert — in den folgenden Schritten erstellt:

1. Übernahme der gemäß den Vorschriften und Wahlrechten des HGB erstellten Bilanz (Handelsbilanz),
2. Änderungen, soweit zwingende steuerliche Vorschriften etwas anderes verlangen als es in die Handelsbilanz aufgrund von Wahlrechten hineingeschrieben wurde.
3. Vornahme weiterer Änderungen aufgrund steuerlicher Wahlrechte, die nicht schon in der Handelsbilanz ausgeübt werden müssen und dort auch nicht ausgeübt wurden. Das ist allerdings nur in ganz wenigen Fällen möglich.

In fast allen Fällen müssen dagegen die steuerlichen Wahlrechte schon im handelsrechtlichen Abschluß ausgeübt werden, entsprechend dem sogenannten **Maßgeblichkeitsprinzip**. Das führt vielfach dazu, daß von vornherein die Handelsbilanz genau der Steuerbilanz gleicht. Weil im Ergebnis die angestrebte Steuerbilanz auf die Handelsbilanz wirkt, und nicht, wie an sich mit dem Maßgeblichkeitsprinzip angestrebt, die Handelsbilanz- auf die Steuerbilanz, spricht man auch vom Prinzip der **umgekehrten Maßgeblichkeit** oder der rückwirkenden Maßgeblichkeit.

Angefangen beim Führen des Kassenbuches, endend mit dem Erstellen der Steuerbilanz arbeiten also mehrere Personen in der Buchhaltung, weitere werten deren Ergebnisse aus. Damit wird es notwendig, daß sie soweit wie möglich die immer wieder vorkommenden Standardarbeiten nach demselben Schema ausführen. Das wichtigste Hilfsmittel dafür haben wir schon kennengelernt, den Kontenplan, allerdings nur mit den wenigen Konten, die für den Abschluß von Max Fleißig im Monat März benötigt wurden. Eine vollständige Übersicht, zusammen mit einigen Regeln für das zweckmäßige Buchen folgt im nächsten Abschnitt.

Zum Verfahren: Kontenplan und Buchungsregeln

Erste Ideen zu einem betriebsindividuellen Verzeichnis aller geführten Konten, geordnet nach einem für alle Betriebe empfohlenen Schema, dem Kontenrahmen, gehen auf Schär und Schmalenbach zurück. Sie äußerten sich hierzu in den Jahren um den ersten Weltkrieg, als Kontenblätter die früher geführten gebundenen Bücher mehr und mehr ablösten (Schär 1914, Schmalenbach 1927). In den Jahren um 1940 entstand daraus der für Deutschland damals als verbindlich erklärte Kontenrahmen für praktisch alle wichtigen Wirtschaftsstufen. Der **Gemeinschaftskontenrahmen** industrieller Verbände

(GKR) übernahm im Jahr 1952 die wesentlichen Elemente. Er wird heute weitgehend den betriebsindividuellen Kontenplänen zugrunde gelegt; der **Industriekontenrahmen** (IKR), der 1971 vom Bundesverband der deutschen Industrie entwickelt wurde, hat die inzwischen erfolgte Ordnung der Konten nach dem GKR in den Betrieben dagegen kaum verändert. Der GKR erleichtert dem Anfänger das Verständnis der Zusammenhänge und die Unterscheidung wesentlicher Begriffe mehr als der IKR; deswegen wird in diesem Buch auch weiterhin mit einem Kontenplan nach dem GKR gearbeitet. Der hier verwendete Kontenplan enthält in eigenen, zusätzlich angebrachten Spalten

- die Position des aktienrechtlichen Abschlusses, entsprechend dem Aktiengesetz 1965,
- die Position des Abschlusses für große prüfungspflichtige Unternehmen nach dem HGB in der ab 1986 geltenden Fassung.

Die Numerierung der Konten nach dem Schema des GKR — es handelt sich nur um die Numerierung! — beinhaltet also kein endgültiges Werturteil über GKR oder IKR; ein Werturteil über die Numerierung von Konten wäre auch überflüssig.

Der GKR folgt dem sogenannten **Prozeßprinzip**, weil die Konten in der Reihenfolge eines gedachten Betriebsprozesses numeriert werden. Die erste Stelle der Konto-Nummer entspricht der **Kontenklasse**. Die folgenden Kontenklassen wurden gebildet:

0 — Anlagevermögen und langfristiges Kapital (Betriebsmittel werden bereitgestellt)
1 — Finanz-Umlaufvermögen und kurzfristige Verbindlichkeiten (finanzielle Mittel werden bereitgestellt)
2 — Neutrale Aufwendungen und Erträge
3 — Stoffe/Bestände (Material bzw. Handelsware wird bereitgestellt)
4 — Kostenarten
7 — Bestände an eigenen Erzeugnissen (Das Ergebnis der Herstellung im Industriebetrieb)
8 — Umsatzerlöse (Das Ergebnis der Verkaufstätigkeit)
9 — Abschlußkonten (Alle Ergebnisse werden zusammengeführt)

Zu den Kontenklassen 2 und 4 wurden hier keine Erläuterungen gegeben. Sie wären z.T. erst verständlich, wenn die Zusammenhänge zwischen Finanzbuchhaltung und Kostenrechnung bekannt sind. Für dieses Buch genügt es, wenn der Leser vormerkt:

- Aufwendungen werden entweder auf Konten in der Kontenklasse 2 oder in der Kontenklasse 4 gebucht.
- Erträge werden entweder auf Konten in der Kontenklasse 2 oder der Kontenklasse 8 gebucht.

Dieses Buch enthält zwei Kontenpläne, einen für die Buchung aller besprochenen und noch zu besprechenden Geschäftsvorfälle und einen zweiten mit allen Konten, die für den handelsrechtlichen Abschluß mit allen Positionen in Frage kommen.

Der erste Kontenplan genügt für die weitere Arbeit mit diesem Buch, der zweite soll zeigen, daß das einmal gewählte Schema der Einteilung und der Numerierung der Konten beibehalten werden kann.

Mit der Unterteilung der Konten nach dem handelsrechtlichen Abschlußschema ist das wesentliche Anliegen der Vertreter des IKR erfüllt: Es läßt sich unmittelbar aus den Salden der Konten der Abschluß ableiten. In welcher Reihenfolge die Konten numeriert sind, ist dabei gleichgültig. Einen Kontenplan nach dem Schema des IKR, aber mit gleicher Unterteilung wie beim GKR, lediglich anderer Numerierung und Reihenfolge, zeigt Möllers (1987, S. 281 ff.). Abb. 19 zeigt im übrigen einen vollständigen Geschäftsgang, bei dem der Computer selbstständig aus den Salden von Konten, die nach dem Schema des GKR numeriert sind, den vollständigen Abschluß nach handelsrechtlichem Schema ableitet.

Numerierung und Einteilung der Konten wie im vorliegenden Kontenplan sind nur ein Mittel der Arbeitserleichterung, die mit gleichem Erfolg auch anders gestaltet sein könnten. Das gilt auch für einige Regeln zum einheitlichen Buchen, die im folgenden immer angewandt, aber erst dann erläutert werden, wenn sie durch ein Beispiel verständlich gemacht und begründet werden können.

Mit der Vertiefung des bisher Gelernten kann nun begonnen werden. Sie soll in drei Schritten erfolgen, entsprechend den drei großen Gruppen von Buchungen:

- Bestandsbuchungen
- Erfolgsbuchungen
- Abschlußbuchungen.

Die Grenzen zwischen den Gruppen mögen zwar fließend sein, zum weiteren Lernen eignet sich diese Einteilung jedoch gut.

Zweiter Teil: Vertiefung

4 Weitere Bestandsbuchungen

4.1 Forderungen (L + L)

Der Buchklub lieferte Max Fleißig Ware „auf Rechnung" oder „auf Ziel", d.h. zur späteren Bezahlung. Bei Fleißig wurde die Warenschuld auf dem Konto „160-Verbindlichkeiten (L+L)" verbucht. Für den Buchklub war die Warenschuld Max Fleißigs an den Klub ein Guthaben bei Fleißig, oder eine Forderung aus Lieferungen und Leistungen (L+L). Dem Konto 160 bei Fleißig würde beim Klub ein Konto „Forderungen (L+L)" entsprechen. Es hat in unserem Kontenplan die Nummer 140. Die Lieferung lt. Buchungsnummer 3 (Januar) bei Fleißig, die dort den Buchungssatz

Eingang Bücher, 50 × 4,– DM 390 160 200,–

auslöste, würde beim Buchklub als dem Lieferanten zu der folgenden Buchung führen:

Lieferung an Fleißig, 50 × 4,– DM .... 140 850 200,–.

Nach vorgenommenem Bankeinzug bucht der Buchklub:

Bankeinzug Fleißig .... 113 140 40,–.

Wenn Fleißig von seinem Remissionsrecht Gebrauch macht und 10 Bände zu je 4,– DM zurückgibt, bucht der Buchklub:

Remission Fleißig .... 850 140 40,–.

Die beschriebenen Vorgänge schlagen sich auf den Konten von Fleißig einerseits, des Buchklubs andererseits so nieder:

113-Bankgiro

		160	40,–

113-Bankgiro

140	40,–		

160-Verbindlichkeiten

113	40,–	390	200,–
390	40,–		

140-Forderungen

850	200,–	113	40,–
		850	40,–

390-Handelsware

160	200,–	160	40,–

850-Umsatzerlöse Handelsware

140	40,–	140	200,–

Eine Forderung kann man außer durch Barzahlung, Überweisung oder Scheck auch noch durch Hingabe eines Wechsels begleichen. Ein Wechsel löst jedoch andere Buchungen aus als normale Zahlungsvorgänge.

Zusätzlich zum Konto 140-Forderungen (L + L) wird i.d.R. noch für jeden Kunden, der regelmäßig auf Rechnung beliefert wird, ein eigenes Kundenkonto geführt. Dieses Konto ist dann ein Unterkonto zum Konto 140. Weil in fast jedem Betrieb viele solcher Kundenkonten geführt werden müssen, spricht man auch von einer „Kundenbuchhaltung“ oder der „Debitorenbuchhaltung“. Entsprechendes gilt von der „Lieferanten-“ oder der „Kreditorenbuchhaltung“. Sie sind, zusammen mit der noch zu besprechenden Lohnbuchhaltung, **Nebenbuchhaltungen** (Vgl. auch Kapitel 7).

4.2 Wechsel

Fleißig hatte mit dem Buchklub „Zahlung zu $^1/_5$ durch sofortigen Bankeinzug, Rest innerhalb von ... Tagen bei 20% Remissionsrecht“ vereinbart. Wahrscheinlich wurde dies durch Unterschrift auf einem Standard-Auftragsformular u.ä. festgehalten. Wenn er bei Übergabe der Bücher deren Empfang, wahrscheinlich wieder auf einem der Fomulare mit dem Hinweis auf „unsere Allgemeinen Geschäfts-, Lieferungs- und Zahlungsbedingungen“, unterschrieb, hatte er damit ein Schuldversprechen dokumentiert, ähnlich einer anderen Erklärung: „Ich, Max Fleißig, schulde dem Buchklub ...“. Es hätte noch nicht einmal der Schriftform bedurft, um ein Schuldverhältnis zu begründen.

Sogar bei einem schriftlich festgehaltenen Schuldverhältnis hat der Schuldner, wenn es zum Streit kommt, vor Gericht noch die Möglichkeit, eine Reihe von Einwänden zu erheben, z.B. es sei schon bezahlt, die Ware sei schlecht, der Gläubiger schulde ihm noch Geld aus anderer Ursache, usw. usw.

Würde dagegen die Verbindlichkeit Fleißigs gegenüber dem Buchklub in der Form eines Wechsels dokumentiert, so entfiele die Möglichkeit für Fleißig, später solche Einwände rechtswirksam geltend zu machen. Er könnte nur noch abstreiten, die Unterschrift geleistet zu haben. Alle weiteren Einwände würden ihn nicht von der Pflicht zur Zahlung, und zwar bei Vorlage des Wechsels, entbinden. Ein **Wechsel** ist nämlich nach dem Recht praktisch aller Länder ein unbedingtes Versprechen, einen bestimmten Betrag an einem bestimmten Tag oder, wenn das auf dem Wechsel vermerkt ist, sofort bei Vorlegen des Wechsels (Sicht-Wechsel) zu zahlen. Früher wurde der Wechsel auch als Zahlungsaufforderung, gerichtet von einem Bankier an einen anderen, u.U. in einer weit entfernten Stadt, benutzt, um den Zahlungsverkehr rein technisch zu erleichtern. Heute herrscht jedoch die Variante „Zahlungsversprechen“ für Wechsel vor.

Weil sich dieses Zahlungsversprechen in seiner Unbedingtheit (für den Schuldner, den **Wechselnehmer**) und den Wechselinhaber von anderen Schuldversprechen unterscheidet, bucht man sowohl die Verbindlichkeiten aus Wechseln als auch die Forderungen, die man in Wechselform hat, getrennt von den anderen Verbindlichkeiten und Forderungen. Vorgesehen sind dafür die Konten

125 Wechselforderungen („Besitzwechsel")

180 Wechselverbindlichkeiten („Schuldwechsel")

Aus normalen Forderungen (L+L) werden z.B. dann Wechselforderungen, wenn der Kunde erst in drei Monaten zahlen möchte und dafür einen Wechsel gibt. Würde Fleißig seine Restschuld von 160,– DM auf diese Weise begleichen, so sähe der Wechsel etwa so aus:

Bochum, den 02.01.2001 19

Bochum 31.03.2001

Gegen diesen Wechsel – erste Ausfertigung – zahlen Sie am 31. März 19 2001

an Buchklub "Jedem jede Woche ein Klassiker!", Bochum DM ---160,-- ---------

Deutsche Mark

Bezogener Max Fleißig, Querenburger Höhe 595

in D-4630 Bochum 1

Zahlbar in Bochum

bei Bank für Handel und Gewerbe eG

BUCHKLUB
JEDEM JEDE WOCHE EIN KLASSIKER!
NORDRING 199, D-4630 BOCHUM 1

Angenommen

Links hat Fleißig „quergeschrieben", also durch seine Unterschrift sich zur Zahlung verpflichtet.

Vor der Unterschrift durch Max Fleißig ist dieser Wechsel eine **Tratte**, danach ein **Akzept**. Der Buchklub ist der **Trassant**, Fleißig der **Trassat** oder der **Bezogene**, nach der Unterschrift, der **Akzeptant**.

Nach Unterschrift und Rückgabe an den Buchklub würde Fleißig so buchen:

Wechsel an Buchklub gegeben 160 180 160,–

Beim Buchklub würde der Eingang des Wechsels dann so gebucht:

Wechsel von Fleißig erhalten 125 140 160,–

Für den Buchklub als nunmehrigen Besitzer des Akzepts hätte das noch den Vorteil, daß seine Bank bereit wäre, dieses Akzept zu **diskontieren**. Auf der Rückseite müßten die Zeichnungsberechtigten des Buchklubs unterschreiben, i.d.R. mit dem Zusatz „Für uns an die ... Bank". Das ist das **Indossament**. Die Bank würde für die Zeit bis zur Fälligkeit Zinsen zu einem niedrigeren Satz berechnen als für übliche Kredite bei Überziehung des Girokontos. Die ermittelten Zinsen und einige DM Provision würde sie von der Wechselsumme abziehen und den Rest dem Girokonto des Buchklubs gutschreiben. Zinsen und Provision bezeichnet man als „Diskontspesen", den Zinssatz, den die Bank bei Weitergabe des Akzepts an die Bundesbank zahlen müßte, bezeichnet man als **Diskontsatz**. Weil dieser i.d.R. niedriger ist als der Satz, den die Bank bei Aufnahme anderer Verbindlichkeiten ihrerseits bezahlen müßte, sind auch die Diskontspesen niedriger, die sie ihren Kunden berechnet.

Auf Wechsel erhebt der Staat eine eigene **Wechselsteuer** von 0,15 DM je angefangene 100,– DM Wechselsumme. Der Buchklub müßte also auf Fleißigs Akzept 0,30 DM Wechselsteuer zahlen, was durch Aufkleben einer (beim Postamt erhältlichen) Wechselsteuermarke erfolgt.

Wenn der Buchklub den Wechsel nicht bis zum 31. März in einer eigenen Mappe, dem **Wechselportefeuille**, aufbewahrt, sondern ihn seiner Hausbank zum Diskont weitergibt, erhält er z.B. nach drei Tagen folgende Gutschrift:

Wechselbetrag	160,– DM
Diskont, 10% p.a., für 90 Tage	4,– DM
Wechselprovision	2,– DM
Gutschrift	154,– DM

Diskont und Provision sind für den Buchklub Aufwand. Bisher haben wir alle Aufwandsposten auf dem Konto SAA – Sammelkonto alle Aufwendungen – gebucht. Wir wollen nunmehr Einzelkonten für Aufwendungen einführen, entsprechend der Gliederung der Gewinn- und Verlustrechnung, wie sie das HGB vorschreibt (§ 275 HGB). Bei einigen Aufwandsarten werden wir über diese Mindestgliederung hinausgehen, wenn das für spätere Auswertungen zweckmäßig ist.

Diskont ist nur ein anderer Name für Zinsen. Zinsen „und ähnliche Aufwendungen" bilden einen gemeinsamen Posten. Es wäre auch nicht zweckmäßig, sie vorher auf getrennten Konten zu buchen, weil die Ursache ihrer Entstehung dieselbe ist: Inanspruchnahme von Kredit. Wir erfassen diese Aufwendungen auf dem Konto 240 – Zinsaufwand u.ä.

Buchungssätze:

Abrechnung Bank für Wechsel Fleißig	113	125	154,–
Zinsbelastung Bank für Wechsel Fleißig	240	125	6,–

Zum gleichen Ergebnis würden die beiden folgenden Buchungssätze führen:

Wechsel Fleißig an Bank gegeben	113	125	160,–
Zinsbelastung Bank für Wechsel Fleißig	240	113	6,–

Die erste Buchungsfolge ist rein abrechnungstechnisch zweckmäßig, weil auf dem Konto 113-Bankgiro im Buchklub derselbe Betrag erscheint, den die Bank auch in ihrem Auszug aufführt. Aus diesem Grunde werden alle Beispiele in diesem Buch immer so erscheinen, daß auf den Zahlungsmittelkonten 100-Kasse, 110-Postgiro und 113-Bankgiro die gezahlten Beträge gebucht werden. Auf allen anderen Konten erscheinen dann u.U. für einen Geschäftsvorfall mehrere Buchungen, wie hier z.B. auf dem Konto 125-Besitzwechsel.

Als erste Regel für den rein buchtechnischen Ablauf merken wir also vor: **„Buchungen auf Zahlungsmittelkonten genau mit gezahltem Betrag!“** Wenn Fleißig mit dem Buchklub vereinbart hat, daß er „durch spesenfreies Dreimonatsakzept“ zahlen kann, ist der Geschäftsvorfall vollständig verbucht. Wurde dagegen vereinbart, daß Fleißig die „Diskontspesen“ trägt, erhält er eine Belastung von z.B. 8,— DM; außer den 6,— DM Diskont und Provision wird er noch die Wechselsteuer und die Auslagen des Klubs tragen müssen. Der Klub bucht diese 8,— DM dann auf einem Konto „Zinsen und ähnliche Erträge“, das die Nummer 245 hat. Es ergibt sich dann die folgende Buchung beim Klub:

Diskontspesen Fleißig belastet	140	245	8,—
Fleißig bucht entsprechend:			
Diskontspesen Buchklub	240	160	8,—

Einige Tage vor dem 31. März wird Fleißig seine Bank, die Großbank AG also, beauftragen, den Wechsel einzulösen. Er wird entweder bei der Großbank AG oder bei der Hausbank des Klubs zahlbar gestellt sein (der Wechsel hat dort seine „**Domizilbank**“). Die Großbank wird ihm dann z.B. berechnen:

Wechselbetrag	160,—DM
Domizilprovision 1,— DM, Einlösungsprovision 1,— DM ..	2,—DM
	162,—DM

Fleißig bucht dann:

Abrechnung Großbank Wechseleinlösung	180	113	162,—
Domizilprovision Großbank	240	180	2,—

Die berechnete Domizil- oder Einlösungsprovision der Großbank ist nur dadurch entstanden, daß Fleißig mit einem Wechsel gezahlt hat. Sie läßt sich dann nicht vermeiden, weil ein nicht bei einer Bank zahlbar gestellter Wechsel nicht bei der Bundesbank diskontierbar ist. Deshalb ist die Buchung auf dem Konto Zinsaufwand besser als auf einem anderen Aufwandskonto, etwa für Kosten des Zahlungsverkehrs.

Jeder, der auf einem Wechsel unterschrieben hat, sei es als Aussteller, sei es als Akzeptant oder nur durch Indossament bei der Weitergabe, haftet, wenn der Akzeptant nicht zahlt, genau wie dieser. Nur durch einen Zusatz zum Indossament „ohne Obligo“ kann er sich von der Haftung befreien; allerdings wird er dann Schwierigkeiten haben, den Wechsel bei seiner Bank zum Diskont unterzubringen.

Test zu den Abschnitten 4.1 und 4.2

Unten steht eine Reihe von Kurzdefinitionen zu Begriffen, die Sie in den Abschnitten 4.1 und 4.2 kennengelernt haben. Tragen Sie den Begriff auf die Linie oberhalb der Definition ein.

Ansprüche des Betriebes gegen seine Kunden, die Waren bezogen, diese aber noch nicht bezahlt haben.

Schuldurkunde in bestimmter Form, aus der alle, die darauf ihre Unterschrift geleistet haben, zur Zahlung verpflichtet werden können.

Schuldurkunde wie oben, auf der derjenige, der zur Zahlung darauf aufgefordert ist, durch seine Unterschrift seine Verpflichtung anerkannt hat.

Unterschrift auf der Rückseite eines Wechsels als Vermerk über die Weitergabe mit der Folge, daß auch derjenige, der nur hier ohne Vorbehalt unterschrieben hat, haftet.

Zinsen, die derjenige berechnet, der einen Wechsel in Zahlung nimmt.

Staatliche Abgabe für Wechsel.

Kreditinstitut, bei dem der Wechsel bei Fälligkeit einzulösen ist. Es handelt u.U. nur als Zahlstelle, nicht als Inhaber des Wechsels.

Übungsaufgabe zu den Abschnitten 4.1 und 4.2

Formulieren Sie zu den folgenden Vorgängen die Buchungssätze, tragen Sie diese in das Journal ein.

1. Fritz Tipper verkauft eine Schreibmaschine für 250,— DM an einen ihm persönlich gut und als zuverlässig bekannten Kommilitonen gegen folgendes schriftlich abgegebenes Versprechen:

„Ich, Heinz Käufer, werde Fritz Tipper 250,— DM für eine erhaltene Schreibmaschine sofort nach Eingehen meines Bafög-Betrages für April, spätestens am 30. 4. 2001, zahlen."

2. Einem anderen Kommilitonen verkauft Tipper einen Heimcomputer für 500,— DM. Der Kommilitone gibt 100,— DM in bar und einen Wechsel über 400,— DM.
3. Tipper kauft für 0,60 DM Wechselsteuermarken bei der Post und klebt sie auf den Wechsel. Anschließend bringt er den Wechsel zur Bank.
4. Drei Tage später erhält Tipper die Abrechnung der Bank: Wechselsumme 400,— DM, 16,— DM Diskont, 2,— DM Provision. Tipper zeigt dem Kommilitonen lt. 2 die Abrechnung und erhält von diesem 20,— DM in bar für „alle Diskontspesen".
5. Der Kommilitone lt. 1 überweist 250,— DM auf das Postgirokonto Tippers.
6. Tipper erhält 5 Heimcomputer für zusammen 1500,— DM, zahlbar mit einem Dreimonatswechsel über 1000,— DM und 500,— DM in bar. Tipper gibt Wechsel und Bargeld an den Lieferanten.
7. Der Lieferant teilt Tipper mit, daß 30,— DM Diskontspesen entstanden sind und bittet um Überweisung. Tipper überweist per Postgiro.
8. Nach drei Monaten weist Tipper seine Bank an, den Wechsel zu Lasten seines Bankgirokontos einzulösen. Die Bank schickt am nächsten Tag die Abrechnung: 1000,— DM plus 5,— DM „Domizilprovision" plus 2,— DM „Auslagen", die sie seinem Konto belastet.

Journal zur Übungsaufgabe Abschnitt 4.1 und 4.2:

Hinweis auf den Geschäftsvorfall	Kontonummer Soll	Kontonummer Haben	– Betrag – – DM –
1. Verkauf der Schreibmaschine an Heinz Käufer			
2. a) Verkauf Heimcomputer			
b) Barzahlung dazu			
c) Wechselhergabe dazu			
3. Kauf der Wechselsteuermarken			
4. a) Gutschrift der Bank für Wechsel, netto. . .			
b) Diskont und Provision			
c) Weiterbelastung Diskont etc.			
5. Eingang auf Postgiro, 250,– DM lt. 1. . . .			
6. a) Eingang v. 5 Heimcomputern			
b) Lieferant erhält Dreimonatswechsel . . .			
c) Lieferant erhält 500,– DM in bar			
7. a) Lieferant belastet Diskontspesen			
b) Überweisung der Diskontspesen Postgirokonto			
8. a) Belastung Bank, Wechsel und Spesen . . .			
b) Spesen lt. a)			

Jede Lieferung ist, wenn sie nicht unentgeltlich erfolgt, für den Liefernden ein Umsatz. Mit praktisch allen entgeltlichen Lieferungen ist in allen Staaten der Europäischen Wirtschaftsgemeinschaft eine Steuer verbunden, die Umsatzsteuer, i.d.R. als Mehrwertsteuer bezeichnet. Sie erfordert eine Reihe von zusätzlichen Buchungen, die nunmehr besprochen werden sollen.

4.3 Mehrwertsteuer (Umsatzsteuer)

Umsatzsteuer gibt es in Deutschland seit 1916. Sie wurde bis 1968 mit 1 % (Großhandel) bwz. 4% (Industrie, Einzelhandel) auf jeden Barverkauf und jede Lieferung auf Kredit erhoben. Diese 1% bzw. 4% mußte der verkaufende Betrieb voll an das Finanzamt abführen. Das führte zur Begünstigung von Betrieben, die mehrere Wirtschaftsstufen umfaßten und benachteiligte i.d.R. Kleinbetriebe und Mittelbetriebe mit nur einer Wirtschaftsstufe. Deshalb wurde ab 1968 die Mehrwertsteuer eingeführt. Sie ist so konstruiert, daß

- sie im wesentlichen nur noch von Privatverbrauchern, nicht-mehrwertsteuer-pflichtigen Betrieben und staatlichen Verbrauchern getragen wird **(Steuertraglast)**,
- bei fast jedem Umsatz ein Anspruch des Finanzamtes in Höhe von ..% entsteht,
- mehrwertsteuer-pflichtige Betriebe zwar an ihren Lieferanten Mehrwertsteuer bezahlen müssen, zugleich aber einen Anspruch an ihr Finanzamt auf Rückerstattung erhalten.

Zur Zeit (1987) ist der allgemeine Steuersatz in der Bundesrepublik Deutschland 14%, der ermäßigte Steuersatz (für Lebensmittel, Bücher, u.a.) 7%. Der Einfachheit halber gehen aber alle Beispiele von 10% bzw. 5% aus.

Damit die mehrwertsteuer-pflichtigen Betriebe ihren Anspruch auf Rückerstattung geltend machen können, müssen die Rechnungen, Kassenzettel u.a. ihrer Lieferanten bis zur Höhe von 200,– DM zumindest den angewandten Steuersatz enthalten, darüber auch den Betrag der berechneten Mehrwertsteuer. Die erste Rechnung des Buchklubs an Fleißig hätte also so aussehen müssen:

Rechnungssumme netto	200,– DM
5% Mehrwertsteuer	10,– DM
Rechnungssumme brutto	210,– DM

Im Unterschied zu dem Geschäftsgang lt. Abschnitt 2.4 wollen wir annehmen, daß der Eingang der Bücher und der Rechnung im Februar, nicht im Januar (vgl. Abschnitt 2.3) erfolgte. Das erleichtert uns das weitere Verfolgen der Mehrwertsteuer-Vorgänge.

Die an den Lieferanten abzuführende MWSt wird auch als **Vorsteuer** bezeichnet. Sie hat ein eigenes Konto: 155-Vorsteuer. Fleißig würde dann buchen:

Rechnung Buchklub, Rechnungssumme netto ..	390	160	200,–
5% MWSt darauf	155	160	10,–

Hier wird nach dem sogenannten **Nettoprinzip** gebucht, d.h. zu einem Geschäftsvorfall werden die beiden erforderlichen Buchungen voneinander getrennt. Möglich wäre es auch gewesen, nach dem **Bruttoprinzip** zu buchen, was anhand des Barverkaufs erläutert werden soll, den Fleißig getätigt hat.

Nehmen wir an, Fleißig hätte im Januar nicht 400,– DM für die verkauften Bücher eingenommen, sondern 400,– DM + 5% MWSt, also zusammen 420,– DM. Seine Käufer haben das wahrscheinlich nicht erfahren, sondern sich als Privatverbraucher nur für den zu zahlenden Betrag interessiert. Fleißig legt nun Wert darauf, auf seinem Konto 100-Kasse die jeweils vereinnahmten Beträge ablesen zu können. Er würde dann buchen:

Bareinnahme aus Buchverkauf 100 850 420,–

Von diesen 420,– DM sind 5 im Hundert, oder 20,– DM, für das Finanzamt kassiert worden und daran abzuführen. 20,– DM müssen also dem Finanzamt gutgeschrieben werden, am besten auf einem eigenen, nur für diese Beträge bestimmten Konto. Das ist das Konto 175-Mehrwertsteuer (von den Kunden vereinnahmt). Nur 400,– DM verbleiben danach an Umsatz. Fleißig bucht dann:

5 im Hundert MWSt........................ 850 175 20,–

Wenn auf dem Kassenkonto der vereinnahmte Betrag von 420,– DM in einem Posten erscheint und nicht in zwei, wie bei der Nettoverbuchung, erleichtert das den häufig notwendigen Vergleich zwischen gebuchten Beträgen und Buchungsbelegen. Das wird noch deutlicher bei den Girokonten (Bank bzw. Postscheck), für die der Saldo des Kontos mit dem Saldo lt. Bank- bzw. Postscheckauszug ständig verglichen werden muß. Für andere als Zahlungsmittelkonten ist es dagegen deutlicher, wenn auf ihnen möglichst wenig Beträge „zurückgebucht“ werden, wie es oben auf dem Konto 850 erforderlich war.

Deshalb sind in diesem Buch immer dann, wenn zu einem Geschäftsvorfall zwei oder mehr Buchungssätze gehören, diese nach der Regel unterteilt:

„Auf Zahlungsmittelkonten erscheint der Bruttobetrag; wenn keine Zahlung vorliegt, wird netto gebucht.“

Um die Abstimmung noch weiter zu erleichtern, entspricht der auf dem Sollkonto gebuchte Betrag immer genau dem auf dem Habenkonto gebuchten. Sogenannte **zusammengesetzte Buchungen** werden hier nicht gezeigt. Eine zusammengesetzte Buchung wäre z.B., wenn der obige Vorgang zwar im Soll mit 420,– DM auf dem Kassenkonto erschiene, dieser eine Betrag aber auf den zwei Gegenkonten 175-Mehrwertsteuer mit 20,– DM und 850-Umsatzerlöse mit 400,– DM gebucht würde. Das Journal würde dann so aussehen:

Hinweis auf den Geschäftsvorfall	Kto.- Bel.	Nr. Gut.	Betrag DM
Bareingang durch Bücherverkauf	100		420
davon Umsatzerlös		850	400
davon 5 im Hundert MWSt		175	20

Das würde auf den Konten zwar Buchungszeilen ersparen, die Abstimmung und den Vergleich bei Fehlern aber später erschweren, weshalb diese Variante des Buchens hier nicht weiter verfolgt wird.

Im Februar gab es noch zwei weitere Vorgänge mit Mehrwertsteuer, einmal die Rückgabe der Restexemplare an den Buchklub, zum andern die Bewirtung, in deren Genuß Fleißigs Kommilitonen kamen. Weil auch der Wirt seinen Gästen Mehrwertsteuer abnehmen muß, diese Mehrwertsteuer aber nur den Privatverbraucher treffen soll, kann er Fleißig einen Beleg mit der Bestätigung „In diesem Betrag sind ..% Mehrwertsteuer enthalten." geben.

Nehmen wir an, Fleißig habe einen Beleg über 22,— DM mit dem Vermerk „... 10% MWSt enthalten" bekommen. Weiter habe er vom Buchklub nicht 40,— DM für die Rückgabe von 10 Bänden zu je 4,— DM erhalten, sondern 40,— DM + 5% MWSt.

Nach Ausführung aller Buchungen für alle Geschäftsvorfälle des Monats Februar kann Fleißig seine Konten abschließen. Weil er nur Barverkäufe getätigt hat, sind seine Umsätze und die darauf entfallenden Mehrwertsteuern für den Monat Februar schon spätestens am ersten Arbeitstag des Monats März bekannt. In Betrieben, die Rechnungen schreiben, dauert es u.U. eine ganze Woche oder länger, bis endlich die letzten Rechnungen des alten Monats geschrieben und verbucht sind. Noch einige Tage länger dauert es, bis diese Rechnungen ihre Empfänger erreicht haben und dort ebenfalls verbucht sind. Deshalb verlangt das Finanzamt die Mehrwertsteuer-Abrechnung, **Umsatzsteuer-Voranmeldung** genannt, nicht schon am letzten Arbeitstag des alten oder am ersten des neuen Monats, sondern erst am 10. Kalendertag des folgenden Monats; 2—3, u.U. auch 5 Tage Schonfrist werden ohne Säumniszuschlag gewährt, wenn sich dieses Spiel nicht Monat für Monat wiederholt.

Während dieser Frist werden Umsätze wie Wareneingänge mit den darauf entfallenden Mehrwertsteuer- und Vorsteuerbeträgen sowohl des alten als auch des neuen Monats gebucht. Weil nur die Kontensalden per Ultimo des letzten Monats in die Voranmeldung eingehen sollen, nicht auch schon die gebuchten Mehrwert- und Vorsteuerbeträge des laufenden Monats, muß man buch-technisch voneinander trennen. Das kann so erfolgen, daß die Salden der Konten 155-Vorsteuer und 175-Mehrwertsteuer des abgelaufenen Monats nicht direkt auf das Konto 999-Schlußbilanzkonto, sondern erst auf ein eigenes Konto übertragen werden, das Konto 177-Mehrwertsteuerverrechnung.

Die Konten 155-Vorsteuer und 175-Mehrwertsteuer des Geschäftsgangs Max Fleißig, Monat Februar, wurden deshalb mit den beiden Buchungssätzen Buch.-Nr. 16 und 17 auf das Konto 177-Mehrwertsteuer-Verrechnung übertragen (vgl. Abb. 9).

Alle mit der Mehrwertsteuer und Vorsteuer zusammenhängenden Vorfälle des Monats Februar werden so gebucht, wie es Abb. 9 im Zusammenhang zeigt.

Das Konto 177-Mehrwertsteuer-Verrechnung schließt also mit einem Saldo von 10,– DM ab, der die Verbindlichkeiten anzeigt. Der März beginnt mit einem Anfangsbestand von 10,– DM auf der Habenseite des Kontos 177-Mehrwertsteuer-Verrechnung, der durch die Überweisung am 10., 11., 12., vielleicht erst am 13. oder 14. März ausgeglichen wird:

Überweisung MWSt-Zahllast an Finanzamt 177 113 10,–

Eine weitere Gruppe von Buchungen zu Beständen bereitet unnötigerweise immer wieder Schwierigkeiten, weil sie häufig mit einem völlig unzutreffenden Namen verbunden wird. Es sind die Frachten, Rollgelder, Zölle usw. auf die eingehenden Waren und Materialien. Diese Posten werden häufig als „Bezugsaufwand" oder „Bezugskosten" bezeichnet, obwohl es sich weder um Aufwand noch um Kosten handelt.

JOURNAL

Hinweis auf den Geschäftsvorfall	Bu.-Nr.	Kto.-Bel.	Nr. Gut.	– Betrag – – DM –
Rechnung Buchklub, Re'summe netto	2a	390	160	200,–
5% MWSt darauf.	2b	155	160	10,–
Bareinnahme aus Buchverkauf	5a	100	850	420,–
davon 5% MWSt.	5b	850	175	20,–
Bewirtungskosten bar	7a	470	100	22,–
davon 10% MWSt	7b	155	470	2,–
Rückgabe von Buchklub	8a	100	390	42,–
davon 5% MWSt	8b	390	155	2,–
Saldo Konto 155-Vorsteuer	16	177	155	10,–
Saldo Konto 175-Mehrwertsteuer . . .	17	175	177	20,–

100-Kasse

5a)	850	420,–	7a)	470	22,–
8a)	390	42,–			

177-Mehrwertst.-Verrechnung

16)	155	10,–	17)	175	20,–

155-Vorsteuer

2b)	160	10,–	8b)	390	2,–
7b)	470	2,–	16)	177	10,–

390-Handelsware

2a)	160	200,–	8a)	100,–	42,–
8b)	155	2,–			

160-Verbindlichkeiten

			2a)	390	200,–
			2b)	155	10,–

470-Sonstiger Aufwand

7a)	100	22,–	7b)	155	2,–

175-Mehrwertsteuer

17)	177	20,–	5b)	850	20,–

850-Umsatzerlöse

5b)	175	20,–	5a)	100	420,–

Abb. 9: Mehrwertsteuer-Buchungen

Die **Mehrwertsteuer-Zahllast** beträgt also 10 DM: 5 % vom Waren-Rohgewinn (Salden Konten 850 und 390, also von 400,– DM minus 160,– DM) abzüglich 10 % Vorsteuer auf die Zeche (Konto 470 mit 20,– DM Saldo, davon 10 %, also 2,– DM).

4.4 „Bezugsaufwand", „Nebenkosten"

Die Kaffee-Großrösterei „Jacob Melischo" möge im Hamburger Freihafen liegen. Glaubt man ihrer Werbung, so hat sie einen schwarzgekleideten und -behüteten Herrn mit guter Nase, der direkt in den Kaffeeplantagen Süd- oder Mittelamerikas die besten Bohnen für den verwöhnten bundesdeutschen Kaffeetrinker auswählt. Was nach dem Auswählen kommt, könnte man sich so vorstellen: Der Herr zahlt sofort, läßt den erworbenen Kaffee auf Lastwagen laden und im Hafen in den Schuppen bringen. Wenn das Schiff angekommen ist, werden die inzwischen auf einige hundert Tonnen angewachsenen Bestände auf das Schiff geladen und nach Hamburg gebracht. Bis der Rohkaffee im Silo der Rösterei angekommen ist, haben einige Dutzend verschiedener Hände und Konten Geld bekommen: Der Lastwagenbesitzer, der Lagerschuppenbesitzer und die Hafenverwaltung in Südamerika, die Versicherung, die Reederei, die Hafenverwaltung in Hamburg, und, und, und ... Würde man alle Beträge als „Bezugsaufwand"oder „Bezugskosten" buchen, so hätte man im Monat des Einkaufens und Transportierens viel Aufwand gebucht. Nun könnte es sein, daß der für den Hamburger Silo bestimmte Kaffee am Monatsende noch schwimmt und erst im nächsten Monat ankommt, im darauffolgenden Monat oder noch später geröstet und verkauft wird. Vielleicht ist inzwischen in Hamburg ein Engpaß entstanden. Das Schiff hat Verspätung, man kauft kleinere Mengen direkt von einem Hamburger Kaffeeimporteur, der fünfzig Sack frei Rampe liefert. Pro Sack erhält er vielleicht das Doppelte dessen, was der schwarzgekleidete Herr dem Plantagenbesitzer in Südamerika gezahlt hat. Dafür entfällt die ganze Kette von Ausgaben für den Transport.

Würden die Ausgaben dafür als „Aufwand" in dem Monat gebucht, in dem sie anfallen, statt dann, wenn der Kaffee verbraucht wird, so entstünden enorme Unterschiede für den Verbrauch sonst gleichen Kaffees, ohne daß sich an dessen Weltmarktpreis irgend etwas geändert haben müßte.

Deshalb wird alles, was von Ausgaben für eingehende Waren, Rohstoffe oder Anlagen im Betrieb anfällt, auf dem zugehörigen Bestandskonto oder einem Unterkonto dazu belastet, nicht einem Aufwandskonto. Das gilt unabhängig davon, ob es sich um Frachten, Rollgelder, Hafengebühren, Umladegebühren, Transportversicherung, Verpackung, Gebühren von Notaren und Ämtern, o. ä., handelt.

In unserem Kontenplan gibt es z. B. die folgenden Konten:

– 300 Roh-, Hilfs- und . . . stoffe	– 001 Grundstücke . . .
– 390 Handelsware	– 010 Maschinen . . .,

auf denen alle Ausgaben gebucht werden, sowohl der Kaufpreis selbst als auch die „Bezugsaufwendungen" oder „Nebenkosten", bei Grundstücken z. B. Notar- und Grundbuchkosten.

Alle diese Beträge, die neben dem Kaufpreis, aber im Zusammenhang mit ihm, bezahlt werden, sind **Bezugsausgaben**, nicht Bezugs„aufwendungen“, „-kosten“ oder „Nebenkosten“.

Die Bezugsausgaben, in erster Linie als Eingangsfrachten anfallend, sollte man genau trennen von den Ausgaben, die für den Transport der verkauften Waren oder Erzeugnisse zum Kunden anfallen, soweit der verkaufende Betrieb sie trägt. Diese kann man i.d.R. sofort als Aufwand auf dem Konto 470-Sonstiger Aufwand buchen

4.5 Bonus, Rabatt

Der Buchklub hat Fleißig als einem selbstständigen Händler natürlich nicht die offiziellen Buchklub-Preise berechnet, sondern ihm darauf einen Nachlaß gegeben. Weil Fleißig Restbestände aufgekauft hat, war der Nachlaß besonders hoch, z.B. schon bei der ersten Lieferung 80%. Nachlässe, die sofort auf einen Grundpreis oder Listenpreis gewährt werden, bezeichnet man als **Rabatte**. Der Rechnungsbetrag vor Mehrwertsteuer ist schon um die Rabatte und ähnliche Nachlässe gekürzt. Er ist die Differenz aus gelieferter Stückzahl mal Listenpreis und den darauf gewährten Rabatten u.ä. Nachlässen.

Zusätzlich zu den sofort gewährten Rabatten gibt es u.U. noch eine Vergütung am Monats-, Quartals-, Saison- oder Jahresende, entsprechend dem Umsatz, den der Lieferant mit dem Kunden bis dahin tätigen konnte. Dieser nachträglich gewährte Nachlaß wird als **Bonus** bezeichnet.

Während Rabatte u.ä. Sofortnachlässe nicht besonders gebucht werden — gebucht wird ja der schon um Rabatte gekürzte Rechnungsbetrag — werden Boni als Belastung auf den Lieferanten- und als Gutschrift auf dem Warenbestandskonto gebucht.

Würde der Buchklub seinem guten Kunden Max Fleißig z.B. am Quartalsende 5% Bonus gewähren, weil Fleißig mehr als 5000,— DM Umsatz mit dem Buchklub erzielt hat, so würde die Buchung bei Fleißig lauten:

5 % Quartalsbonus Buchklub auf 5200,– DM 160 390 260,– DM

Der Buchklub würde so buchen:

5 % Quartalsbonus Fleißig: . . . . 850 140 260,– DM

Der Preis, den ein Abnehmer an den Lieferanten zu bezahlen hat, wird als **Einkaufspreis** bezeichnet. Das ist i.d.R. der Rechnungsbetrag nach Rabatt u.ä. Sofortnachlässen, vor Mehrwertsteuer.

Der Preis, den ein Abnehmer insgesamt zu bezahlen hat, wenn das Gut für ihn in seinem Betrieb (oder am anderen Bestimmungsort) verfügbar ist, wird als **Einstandspreis** bezeichnet. Das ist i.d.R. der Einkaufspreis plus Frachten, Rollgeldern, Transportversicherung, Zöllen etc., minus Boni.

Ob ein weiterer Posten bei der Ermittlung des Einstandspreises zu berücksichtigen ist oder nicht, ist nicht so eindeutig zu entscheiden: Hinsichtlich der Berücksichtigung von Skonto gibt es unterschiedliche Meinungen. Die Verbuchung von Skonto wird im nächsten Abschnitt besprochen.

5 Weitere Erfolgsbuchungen

5.1 Skonti

Skonti sind Nachlässe auf den zu zahlenden Betrag, wenn er früher als am letzten Fälligkeitstag gezahlt wird. Üblich ist z.B. die folgende Zahlungsbedingung:

„Zahlbar in 30 Tagen netto oder innerhalb von 14 Tagen mit 2% Skonto."

Jeder Schuldner bemüht sich den Skonto auszunutzen, denn einen höheren Ertrag pro Jahr als Skonto kann er kaum erzielen: 2% für eine um 16 Tage frühere Zahlung ergeben, auf das Jahr umgerechnet, rund 45%.

Skonto kann man als Nachlaß auf den Preis der bezogenen Ware ansehen oder als Zinsertrag besonderer Art. Weil beide Meinungen vertreten werden (und vertretbar sind), ist es richtig, ein eigenes Konto für den erzielten Skonto einzurichten und die Entscheidung über die Zuordnung offen zu lassen. Für Skontoerträge ist das Konto 247-Skontoertrag vorgesehen.

Nehmen wir an, der Buchklub hätte die obige Zahlungsbedingung auf seiner Rechnung für den Bezug der Bücher im Januar (200,– DM plus 5% MWSt) und Fleißig würde die Möglichkeit der Skontozahlung nutzen. Er hat zunächst die Rechnung bei ihrem Eingang verbucht:

Eingang Bücher	3a	390	160	200,–
MWSt dazu	3b	155	160	10,–

14 Tage später zahlt er durch Banküberweisung. Er zieht dann 2% vom Bruttorechnungsbetrag, also einschließlich MWSt, ab. Seine Buchungen würden dann so aussehen:

Banküberweisung an Buchklub	6a	160	113	205,80
Skonto-Ertrag	6b	160	247	4,00
MWSt-Korrektur	6c	160	155	0,20

Für den Buchklub als Lieferanten ist der Skonto ein Nachlaß auf den Preis der gelieferten Ware, oder ein Zinsaufwand besonderer Art. Er führt dafür ein Konto „gewährte Skonti" unter der Nr. 244. Entsprechend würde er buchen:

Banküberweisung von Fleißig................	113	140	205,80
Skontoaufwand	244	140	4,00
MWSt-Korrektur	175	140	0,20

Die Rückbuchung der anteiligen MWSt ist zwar umständlich, aber sie entspricht dem System dieser Steuer: Jeder Lieferant soll dem Abnehmer genau .. % vom zu zahlenden Entgelt berechnen. Wird das Entgelt nachträglich geändert, so muß auch die anteilige MWSt geändert werden. Der Grund der Änderung spielt dabei keine Rolle.

Neben dem Aufwand für Handelsware und dem Materialaufwand ist der Personalaufwand in praktisch allen Betrieben der größte Aufwandsposten. Seine Abrechnung und Verbuchung wirft einige Fragen auf.

5.2 Löhne und Gehälter

Löhne und Gehälter sind für Entgelte für fest angestellte Mitarbeiter. Weil diese für den Betrieb benötigt werden, ist ihr Entgelt Aufwand, ähnlich den Provisionen, die Fleißig im Februar an seine freien Mitarbeiter gezahlt hat, also an die Kommilitionen, die für ihn Bücher verkauft haben. Bei den Provisionen ergab sich nur eine einzige Buchung: Aufwand (damals noch ein Sammelkonto) an Kasse. Bei Löhnen und Gehältern wird es dagegen schwieriger, weil das Finanzamt und die sich als sozial bezeichnenden Versicherungen den Arbeitgeber zur Berechnung und zum Zahlen mindestens eines halben Dutzends verschiedener Steuern und Sozialversicherungsbeiträge verpflichten. Die Steuern gehen dabei voll zu Lasten des Arbeitnehmers, sind also Abzüge. Die Beiträge zu drei der sich als sozial bezeichnenden Versicherungen gehen je zur Hälfte zu Lasten des Arbeitnehmers und -gebers; mehrere Kassen belasten danach noch den Arbeitgeber. Wir beschränken uns hier auf die drei „Sozial-"Versicherungen.

Nehmen wir an, Fleißig habe seine Diplomprüfung endlich bestanden, trotz seines Buchvertriebs. Der Buchklub, inzwischen auch größer geworden, wolle Fleißig nunmehr als Direktionsassistenten einstellen. Man einigt sich auf ein Anfangsgehalt von 4000,— DM, in Anbetracht der Verkaufs- und Organisationsfähigkeiten, die Fleißig bisher schon gezeigt hat. Fleißig freut sich auf sein erstes Gehalt; am 31. Januar 19.. (ab 1. Januar läuft sein Vertrag) traut er seinen Augen kaum, als er seine Gehaltsabrechnung liest:

Bruttogehalt		4000,— DM
Lohnsteuer	1000,— DM	
Kirchensteuer	90,— DM	
Angestelltenversicherung	380,— DM	
Krankenversicherung	240,— DM	
Arbeitslosenversicherung	100,— DM	1810,— DM
Nettogehalt		2190,— DM

(Alle Beträge wurden aufgerundet)

Als Direktionsassistent hat er Zugang zur Buchhaltung. Er sieht sich dort das Schicksal seiner stolzen 4000,— DM auf den Konten an. So wurde gebucht:

Banküberweisung Nettogehalt	430	113	2190,— DM
einbehaltene Lohn- und Kirchensteuer	430	171	1090,— DM
einbehaltene „Sozial-"Versicherung	430	172	720,— DM

Diese letzten 720,— DM sind nur die Hälfte des Betrages, den der Arbeitgeber abzuführen hat. Nochmals 720,— DM muß er als Arbeitgeber-Beitrag zahlen. Er bucht entsprechend

Arbeitgeberbeitrag Sozial-Vers.	440	172	720,— DM

Bei einem Nettogehalt von bescheidenen 2190,— DM hat der Arbeitgeber also 4720,— DM direkten Aufwand für Fleißig. (Hinzu kommen noch einige weitere Posten, die im Kapitel „Rückstellungen" besprochen werden.)

Etwa am 10. des nächsten Monats wird der Arbeitgeber die einbehaltenen Steuern an das Finanzamt, die beiden Hälften der Sozialversicherung an die Krankenkasse überweisen. Wäre Fleißig der einzige Arbeitnehmer, so würden die Buchungen also lauten:

Banküberweisung Finanzamt LSt/KiSt	171	113	1090,— DM
Banküberweisung Sozialversicherung	172	113	1440,— DM

Die Buchung von Löhnen und Gehältern ist grundsätzlich nicht schwierig; sie erfordert jedoch i.d.R. eine ganze Reihe von Buchungen für eine einzige Aufwandsart. Selbstverständlich werden nicht für jeden einzelnen Arbeitnehmer diese Buchungen vorgenommen, sondern für alle gemeinsam.

Für jeden Arbeitnehmer wird i.d.R. ein eigenes Lohn- und Gehaltskonto geführt, weil am Jahresende eine Bescheinigung über die ihm gezahlten Löhne, Gehälter u.a. Vergütungen sowie die einbehaltene Lohn-, Kirchensteuer, die Sozialversicherungsbeiträge etc. ausgestellt werden muß. Das Lohn- oder Gehaltskonto des einzelnen Arbeitsnehmers ist damit ein Unterkonto zum Konto 430-Löhne und Gehälter. Die Lohn- und Gehaltsbuchhaltung bezeichnet man auch als **Nebenbuchhaltung.** (Vgl. dazu Kapitel 7.)

Test zu den Abschnitten 4.3, 4.4, 5.1 und 5.2

Unten steht eine Reihe von Kurzdefinitionen zu Begriffen, die Sie in den o.a. Abschnitten kennengelernt haben. Tragen Sie den Begriff auf die Linie oberhalb der Definition ein.

- - - - - - - - - - - - - - - - - -

Staatliche Abgabe, die auf jeden Barverkauf und jede Lieferung auf Kredit erhoben wird.

- - - - - - - - - - - - - - - - - -

Staatliche Abgabe, die auf jeden Barverkauf und jede Lieferung auf Kredit erhoben wird, aber i.d.R. nur den Privatverbraucher trifft; Betriebe erhalten die dafür an ihre Lieferanten gezahlten Beträge vom Finanzamt gutgeschrieben.

Mehrwertsteuer-Guthaben, das ein MWSt-Pflichtiger gegenüber dem Finanzamt erwirbt, weil seine Lieferanten ihm MWSt berechnet haben.

Verbuchung der MWSt völlig getrennt vom Rechnungsbetrag vor MWSt. Allgemein: getrennte Verbuchung zweier Posten, die zu einem Geschäftsvorfall gehören.

Verbuchung der MWSt in einer Summe zusammen mit dem Rechnungsbetrag vor MWSt. Anschließend wird die MWSt „zurückgebucht“. Allgemein: Gemeinsame Verbuchung zweier Posten, die zu einem Geschäftsvorfall gehören, mit anschließender „Rückbuchung“.

Betrag, den ein MWSt-pflichtiger Betrieb an das Finanzamt zahlen muß, nach Saldieren der den Kunden berechneten mit der von Lieferanten berechneten MWSt.

MWSt, die ein Abnehmer an den Lieferanten zahlen muß, ohne die Möglichkeit der späteren Verrechnung mit dem Finanzamt.

Nachlaß auf einen zu zahlenden Betrag, wenn früher als am letzten Fälligkeitstag gezahlt wird.

Entgelt für fest angestellte Mitarbeiter.

Übungsaufgabe zu den Abschnitten 4.3, 4.4, 5.1 und 5.2

Formulieren Sie zu den folgenden Vorgängen die Buchungssätze und tragen Sie diese in das Journal ein. Buchen Sie dabei immer nach der Nettomethode mit der folgenden Ausnahme: Auf den Zahlungsmittelkonten (Kasse, Post- oder Bankgiro) soll immer der Betrag stehen, der gezahlt/gutgeschrieben/belastet wurde. Das erleichtert die Abstimmung auf diesen Konten.

1. Fritz Tipper liefert eine Schreibmaschine für 250,– DM + 10% MWSt an einen Kommilitonen gegen das folgende Zahlungsversprechen: „Ich, Fritz Käufer, werde 275,– DM bis spätestens 30.4.2001 für die gelieferte Schreibmaschine zahlen."
2. Einem anderen Kommilitonen verkauft Tipper einen Heim-Computer für 500,– DM + 10% MWSt. der Kommilitone gibt 150,– DM in bar und einen Wechsel über 400,– DM.
3. Tipper sagt dem Kommilitonen lt. 2, daß vereinbarungsgemäß 20,– DM Diskontspesen plus 10% MWSt für den Wechsel zu zahlen sind. Der Kommilitone zahlt in bar.
4. Tipper erhält 5 Heimcomputer für 1500,– DM + 10% MWSt. Er gibt dafür 650,– DM in bar und einen Dreimonatswechsel über 1000,– DM.
5. Der Lieferant teilt Tipper mit, daß 30,– DM + 10% MWSt für Diskontspesen angefallen sind. Tipper überweist per Postgiro.
6. Der Kommilitone lt. 1 zahlt schon drei Tage nach der Lieferung. Tipper gewährt ihm 2% Skonto, die sofort von der Zahlung (bar) abgezogen werden.
7. Tipper erhält 100 Taschencomputer zum Stückpreis von 5,– DM + 10% MWSt, zahlbar in 30 Tagen netto oder in 10 Tagen mit 3% Skonto.
8. Er gibt nach 8 Tagen 20 Stück zurück, weil sie defekt sind und zahlt den Rest unter Abzug von 3% Skonto durch Bankgiro.

JOURNAL ZU ÜBUNGSAUFGABE 4.3/4.4/4.5/5.1/5.2

Hinweise zum Geschäftsvorfall:	Buch.– Nr.:	Konto-Nummer Soll:	Haben:	Betrag DM
1. Verkauf Schreibmaschine				
MWSt dazu				
2. Verkauf Heimcomputer				
MWSt dazu				
Barzahlung				
Wechsel				
3. Barzahlung Diskont				
MWSt dazu				
4. Eingang 5 Heimcomputer				
MWSt dazu				
Barzahlung				
Dreimonatsakzept				
5. Diskontspesen zu 4.				
MWSt dazu				
Überweisung Postgiro				
6. Barzahlung zu 1. ./. 2% Skonto				
Skonto				
Rückbuchung MWSt				
7. Eingang 100 Taschencomputer				
MWSt dazu				
8. Rückgabe 20 Taschencomputer				
MWSt dazu				
Bankgiroüberw. Rest ./. 3%				
Skonto 3%				
Rückbuchung MWSt dazu				

Die bisher behandelten Aufwendungen und Erträge fielen bei der „gewöhnlichen Geschäftstätigkeit" (§ 277 HGB) an. Sie wurden zudem in derjenigen Rechnungsperiode (Monat oder Jahr) gebucht, in der sie verursacht wurden.

Außerhalb der zitierten „gewöhnlichen Geschäftstätigkeit" fallen erfolgswirksame Posten u.U. als betriebsfremde Aufwendungen oder Erträge an.

5.3 Betriebsfremde Erfolge

Jacob Fugger der Reiche baute die Fuggerei, das erste Beispiel sozialen Wohnungsbaus. Alfred Krupp baute für seine Arbeiter und „Beamten" Wohnsiedlungen, die heute (wieder) als mustergültige und denkwürdige Bauten gelten. Ab 1950 bauten viele Betriebe Wohnblocks für ihre Mitarbeiter, die damals z.T. noch in Behelfswohnungen oder einigen notdürftig von einer anderen Wohnung abgetrennten Zimmern lebten.

Die Fuggerei und auch die Kruppschen Siedlungen sind schon lange selbständige, von ihrem „Stammhaus" unabhängige Institutionen. Die Wohnblocks aus den 50er Jahren stehen dagegen noch als „Grundstücke und grundstücksgleiche Rechte mit Wohnbauten" in den Bilanzen von vielen Betrieben, deren „gewöhnliche Geschäftstätigkeit" nicht im Vermieten von Wohnungen, sondern im Schmelzen von Stahl, im Bau von Maschinen oder im Handel mit Büchern besteht.

Dann ist es zweckmäßig, von vornherein die eingehenden Mieten und Ausgaben für alles, was mit diesen Wohnblöcken zusammenhängt, getrennt von den Aufwendungen und Erträgen aus dem Stahlschmelzen, dem Maschinenbau oder Bücherverkauf zu buchen. Erträge dieser Art bucht man auf dem Konto 205-betriebsfremde Erträge, die Aufwendungen auf dem Konto 200-betriebsfremde Aufwendungen.

Der Ausdruck „betriebsfremd" im Rechnungswesen eines selbständigen Betriebes läßt sich nur aus der Entwicklung erklären: Ursprünglich gab es selbständige Betriebe mit einem Rechnungswesen, wie es hier vorgestellt wird, nur als Unternehmen, also im Privateigentum ohne wesentliche Rechte Außenstehender und mit dem Ziel der Gewinnmaximierung. Damals war das Wort „betriebsfremd" passend. Heute wäre die etwas umständliche Formulierung „außerhalb der gewöhnlichen Geschäftstätigkeit" deutlicher; sie ist aber nicht gebräuchlich.

Eine weitere Gruppe von Aufwendungen und Erträgen wird i.d.R. erst dann gebucht, wenn der Monats- oder Jahresabschluß erstellt wird. Diese Gruppe wird im nächsten Kapitel besprochen.

6 Weitere Abschlußbuchungen

Die Bewertung von Beständen bei relativ einfachem Sachverhalt wurde bereits besprochen:

- lineare, direkte Abschreibung auf das Anlagevermögen (Fleißigs Auto),
- Bewertung von Beständen des Umlaufvermögens (Fleißigs Bücher als Handelsware),
- Abgrenzung von schon bezahlten, noch weiter geltenden Rechten (aktive Rechnungsabgrenzung bei Kfz-Steuer und -Versicherung).

Um den Erfolg einer Rechnungsperiode ermitteln zu können, reichen diese Verfahren nicht immer aus. Die etwas schwierigeren sollen nun dargestellt werden.

6.1 Anlagevermögen

6.1.1 Indirekte Abschreibung

Fleißigs für 300,– DM gekauftes Auto wurde als Anlagevermögen aktiviert, weil angenommen wurde, daß es auch noch im nächsten Geschäftsjahr betrieblich genutzt werden könnte (vgl. Abschnitt 3.1). Monatlich wurden dann auf dem Konto 030-Betriebs- und Geschäftsausstattung 20,– DM gutgeschrieben. Der Monat März endete mit einem Schlußbestand von 280,– DM auf dem Konto 030. Der Monat Mai des darauffolgenden Jahres würde bei diesem Verfahren mit 20,– DM Anfangsbestand auf dem Konto 030-Betriebs- und Geschäftsausstattung für das Auto beginnen und mit einem Schlußbestand von 0 DM enden, falls keine weiteren Gegenstände auf diesem Konto registriert wären. Dieses Verfahren wird als **direkte Abschreibung** bezeichnet.

Bei der nun zu besprechenden **indirekten Abschreibung** werden die Abschreibungsbeträge solange auf einem Zwischenkonto angesammelt, bis der betreffende Gegenstand den Betrieb verläßt, bis die angesammelten Beträge die also dem Bestandskonto ursprünglich belasteten Anschaffungsausgaben erreicht haben oder bis dieser Anlagegegenstand vorzeitig aus dem Betrieb ausscheidet. Das Zwischenkonto wird als „080-Wertberichtigungen auf das Sachanlagevermögen" bezeichnet, zur Abgrenzung zu den „081-Wertberichtigungen auf das Finanzanlagevermögen". Für Fleißigs Auto würden sich dann die folgenden Buchungssätze ergeben:

indirekte Abschreibung 230 080 20,–

Der Saldo dieses Kontos wir sich also um monatlich 20,– DM erhöhen, bis nach 15 Monaten der ursprünglich aufgestellte Abschreibungsplan erfüllt ist. Die beiden Konten sehen dann so aus:

030 Betr.- + Gesch.ausst.

300,–	

080-Wertberichtigung Sachanl.

	20,–
	20,–
	20,–
	...
	...
	...
	20,–

030 Betr.- + Gesch.ausst.			080-Wertberichtigung Sachanl.	
300,–				20,–
				20,–
				20,–

Die jeweilige Differenz zwischen den ursprünglich aktivierten Anschaffungsausgaben und den angesammelten Abschreibungen entspricht dem **Buchwert** des Anlagegegenstandes. Bei direkter Abschreibung ergibt sich der Buchwert unmittelbar: Anschaffungsausgaben minus Abschreibung 1. Monat minus ... minus Abschreibung n-ter Monat.

In einem **Abschreibungsplan** wird festgelegt, in welchen Rechnungsperioden wieviel DM abgeschrieben werden sollen. Die damit festgelegten Beträge nennt man **planmäßige oder ordentliche Abschreibungen**. Ihre Summe über die gesamte Nutzungsdauer des Anlagegegenstandes entspricht der Differenz von Anschaffungsausgaben und einem evtl. Resterlös für das ausgeschiedene Stück („Schrottwert"). Zu den Anschaffungsausgaben zählen auch die Bezugsausgaben u. ä., die bis zur Inbetriebnahme erforderlich werden (vgl. Abschnitt 4.4).

Es kann vorkommen, daß in einer sonst recht ansehnlichen Bilanz ein Posten mit dem Betrag von nur 1,— DM ausgewiesen wird, z.B. bei der Betriebs- und Geschäftsausstattung. Dieser minimale Buchwert ergibt sich dann nicht etwa deshalb, weil nur noch ein einziger Bleistiftanspitzer als einziger Gegenstand der Betriebs- und Geschäftsausstattung vorhanden wäre. Vielmehr deutet der Betrag von 1,—DM an, daß eine ganze Reihe von Gegenständen noch vorhanden ist und auch genutzt wird, die alle schon voll abgeschrieben sind, also einen Buchwert von null DM haben. Statt „0 DM" wird dann „1 DM" geschrieben, als **Erinnerungswert** oder **Erinnerungsposten**.

6.1.2 Außerordentliche und außerplanmäßige Abschreibungen

Ein Abschreibungsplan wird für Jahre, u.U. für Jahrzehnte, im voraus aufgestellt. Man wird die Zeit bis zum Ausscheiden der Anlage zwar vorsichtig schätzen, im Zweifel also eher zu kurz als zu lang. Es kann aber dennoch vorkommen, daß z.B.

- ein Auto nach drei Jahren für 15% seines Kaufpreises verkauft wird, obwohl man mit vier Jahren etwa gleichmäßiger Nutzung im Betrieb gerechnet und deshalb bisher nur 3 × 25% = 75% abgeschrieben hat,
- eine Maschine nach fünf Jahren durch Neuentwicklungen so überholt ist, daß sie, obwohl technisch noch einwandfrei und im Abschreibungsplan mit sieben Jahren veranschlagt, stillgelegt werden muß,
- eine Werkshalle nach fünf Jahren solche Schäden an Dach und Wänden zeigt, daß man nur noch mit fünf Jahren weiterer Nutzung rechnen kann, statt mit 20, wie im Abschreibungsplan veranschlagt.

Ebenso kann es vorkommen, daß ein Acker, der als „Bauerwartungsland" gekauft wurde, nach dem Scheitern des Bebauungsplanes weiterhin nur als Ackerland verpachtet werden kann und deshalb erheblich an Wert verliert.

In solchen Fällen muß eine **außerordentliche oder außerplanmäßige** Abschreibung vorgenommen werden. Sie wird auf eigenen Konten, getrennt von den planmäßigen und ordentlichen Abschreibungen, gebucht, damit auch im Abschluß noch deutlich wird, daß es sich um einen anderen Tatbestand als den der vorhergesehenen, normalen Wertminderung handelt.

Wenn ein Auto gegen Ende des dritten Jahres nach Erstzulassung für z.B. 3000,— DM verkauft wird, ursprünglich z.B. 20 000,— DM gekostet hat und bisher mit 2 × 5000,— DM direkt abgeschrieben wurde, sieht das Konto 030-Betriebs- und Geschäftsausstattung, wenn es als einzigen Posten dieses Auto aufgewiesen hätte, zunächst so aus:

0 3 0 – Betriebs- und Geschäftsausstattung

Anfangsbestand am 1.1.	998	10000,–	Barverkauf	100	3000,–

Wider Erwarten war der Wert des Autos nur noch 3000,— DM statt der im Abschreibungsplan vor fast drei Jahren angenommenen 5000,— DM. Es wurden also in drei Jahren insgesamt 2000,— DM zu wenig an planmäßigen Abschreibungen vorgenommen. Würde man diese 2000,— DM auf demselben Konto wie die planmäßigen Abschreibungen buchen, so entstünde eine Mischung aus Abschreibungen für das laufende Jahr und den zu spät vorgenommenen Abschreibungen, die eigentlich in den beiden vorhergehenden Jahren hätten vorgenommen werden müssen. Ein solcher Verlust wird, weil nicht geplant, als außerplanmäßig oder außerordentlicher Aufwand bezeichnet, hier als außerplanmäßige oder außerordentliche Abschreibung. Auch das Wort Buchverlust ist gebräuchlich.

Deshalb werden diese 2000,— DM auf einem Konto „Verluste aus dem Abgang von Gegenständen des Anlagevermögens" gebucht; das Konto hat die Nr. 220. Nach Ausführung dieser Buchung ist das Konto 030 ausgeglichen:

0 3 0 – BETRIEBS- UND GESCHÄFTSAUSSTATTUNG

Anfangsbestand am 1.1.	9998	10000,–	Barverkauf	100	3000,–
			planm. Abschreibung	230	5000,–
			a.o.Abschreibung	220	2000,–
		------			------
		10000,–			10000,–
		=======			=======

Zu spät erkannt wurde bei unserem Beispiel der Maschine, daß sie nur fünf Jahre wirtschaftlich verwendbar ist und bei der Werkshalle, daß sie nur 10 Jahre benutzbar sein wird. Schon in den vorhergehenden Jahren hätte man höhere Abschreibungen vornehmen müssen.

Die Konten für diese Jahre sind längst schon abgeschlossen, man kann also nicht mehr auf ihnen nachbuchen. Deshalb müssen diese Abschreibungen zu Lasten des laufenden Jahres gebucht werden, obwohl sie nicht in diesem Jahr verursacht wurden. Es ist dabei zweckmäßig, auf einem getrennten Konto zu buchen: 222-Periodenfremder Aufwand. Über solche periodenfremden Posten muß im Anhang zum Jahresabschluß berichtet werden, weshalb die Buchung auf einem eigenen Konto besser ist, als die an sich zulässige Buchung auf dem Konto 230-Abschreibungen auf Sachanlagen

Die Buchungssätze würden also lauten:

außerplanmäßige (periodenfremde) Abschreibung Maschine	222	010	... DM
außerplanmäßige (periodenfremde) Abschreibung Werkshalle	222	001	... DM

Ob die Abschreibung auf das Grundstück, das als Bauerwartungsland gekauft wurde, ebenfalls auf dem Konto 222 vorgenommen wird, hängt vom Zweck des Kaufs ab: Sollte auf dem Grundstück ein Gebäude für den eigenen Betrieb gebaut werden, oder hat man es lediglich wegen der günstigen Aussichten zur Kapitalanlage erworben? Im ersten Fall ist es eine außerplanmäßige Abschreibung, im zweiten eine für einen betriebsfremden Zweck.

Zu buchen wäre demnach entweder:

außerplanmäßige (periodenfremde) Abschreibung Grundstück	222	005	... DM
oder			
außerplanmäßige (betriebsfremde) Abschreibung Grundstück	221	005	... DM

Diese außerplanmäßigen bzw. außerordentlichen Abschreibungen müssen in der Gewinn- und Verlustrechnung oder im Anhang zum Jahresabschluß getrennt von anderen Aufwendungen ausgewiesen werden.

Es könnte nun sein, daß in einem späteren Jahr der Grund für diese außerplanmäßigen und außerordentlichen Abschreibungen wieder entfällt. Dazu gibt es einige weitere z.T. gegenüber dem bisherigen Recht (im wesentlichen Aktiengesetz 1965) neue Regelungen, die im nächsten Abschnitt besprochen werden.

6.1.3 Zuschreibungen

Wenn das Grundstück, dessen Buchwert unter den ursprünglichen Kaufpreis auf den Wert von Ackerland abgeschrieben wurde, in späteren Jahren doch noch zu Bauland wird, ist der Grund für die außerplanmäßige bzw. außerordentliche Abschreibung entfallen. Eine AG/KGaA/GmbH muß dann die Abschreibung rückgängig machen[1], Unternehmen anderer Rechtsform können dies tun, müssen es aber nicht (§ 253 Abs. 5, § 280 HGB). Diese Regeln gelten für jeden Fall einer o.a./apl. Abschreibung, wenn ihr Grund entfallen ist.

Die Zuschreibung wird als außerordentlicher bzw. außerplanmäßiger (a.o./apl.) Ertrag verbucht. Für unser Beispiel würde dann gebucht:

Entweder

Zuschreibung Grundstück wegen
neuer Eigenschaft als Bauland . . . . . . 006 225 . . . . . DM

Der vorher durch die Abschreibung verminderte **Buchwert** wurde in diesem Fall also durch die Zuschreibung erhöht.

Wider Erwarten kann es auch vorkommen, daß beim Verkauf von Autos, Maschinen etc. ein höherer Verkaufspreis erzielt wird, als man beim Erstellen des Abschreibungsplanes vor Jahren angenommen hatte. Dann entstehen

6.1.4 Erträge aus dem Abgang von Gegenständen des Anlagevermögens

Oben (vgl. 6.1.2) wurde als Beispiel eines Anlageabgangs ein Auto mit einem ursprünglichen Kaufpreis von 20 000,— DM erwähnt, auf das schon zweimal 5000,— DM planmäßige Abschreibungen vorgenommen wurden. Wenn es am Ende des dritten Jahres verkauft wird, müssen noch die planmäßigen Abschreibungen für das dritte Jahr vorgenommen werden, wonach das Anlagekonto so aussieht:

0 3 0 – BETRIEBS- UND GESCHÄFTSAUSSTATTUNG

Anfangsbestand am 1.1.	998	10000,–	Abschreibung lfd. Jahr	230	5000,–

Wenn es für 6000,— DM gegen Barzahlung verkauft wird, ergibt sich die folgende Buchung

Autoverkauf gegen bar . . . . 100 030 6000,—

Danach stehen also auf der rechten Seite des Kontos 030 volle 11 000,— DM, links steht nur der Anfangsbestand von 10 000,— DM. Da das Konto nach dem Abgang des Autos ausgeglichen sein muß, fehlt auf der linken Seite eine Buchung mit 1000,— DM. Dieser Betrag wurde mehr erzielt, als man bei der Aufstellung des Abschreibungsplans vor drei Jahren als voraus-

[1] Bei einem steuerlichen Wahlrecht gibt es dieses auch für die Handelsbilanz.

sichtlichen Verkaufspreis angenommen hatte. Es sind also aperiodische Erträge, die dem K·nto 225-Erträge aus dem Abgang von Gegenständen des Anlagevermögens gutgeschrieben werden. Die letzte Buchung lautet also:

Überschreiten des Verkaufspreises
über den Buchwert 030 225 1000,–

Danach sieht das Konto also so aus:

0 3 0 – BETRIEBS- UND GESCHÄFTSAUSSTATTUNG

Anfangsbestand am 1.1.	998	10000,–	Abschreibung lfd. Jahr ...	230	5000,–
Überschreiten des Buchwertes	225	1000,–	Verkauf gegen bar	100	6000,–
		11000,–			11000,–
		=======			=======

Wenn beim Verkauf von Gegenständen des Anlagevermögens ein höherer Erlös erzielt wird als der Buchwert, spricht man auch von **Buchgewinn**. Dieser Buchgewinn hat eine eigene Position im Schema der Gewinn- und Verlustrechnung: Erträge aus dem Abgang von Gegenständen des Anlagevermögens.

Ein solcher **Buchgewinn** erhöht auch den zu versteuernden Gewinn. Bei größeren Beträgen und einem Steuersatz von insgesamt über 60% (Einkommen-/Körperschaft- plus Gewerbeertragsteuer) würde das zu einem erheblichen Substanzverlust führen und u.U. den volkswirtschaftlich sehr wünschenswerten Verkauf der vom einzelnen Betrieb nicht mehr benötigten Grundstücke, Gebäude, Beteiligungen an andere Unternehmen verhindern. Deshalb gibt es im Steuerrecht eine Erleichterung, die unter dem „§ 6b“ bekannt geworden ist. Sie wird auch mit dem Namen des für sie typischen Bilanzpostens bezeichnet:

6.1.5 Sonderposten mit Rücklageanteil gem. § 6b EStG

Diese Regel sagt sinngemäß für den Fall ihrer bedeutendsten Anwendung:

Wer ein Grundstück mit Buchgewinn verkauft, muß den Buchgewinn nicht versteuern, wenn er innerhalb von zwei Jahren ein Ersatzgrundstück kauft.

Auf den Grundstücken stehende Gebäude werden steuerlich ebenso behandelt. Ähnliche, hier nicht zu behandelnde Regelungen, gibt es für den Verkauf und die Ersatzbeschaffung von Anteilen an Kapitalgesellschaften, abnutzbaren beweglichen Wirtschaftsgütern u.a.

Dazu ein Beispiel: ein nicht mehr benötigtes Grundstück mit einer Werkshalle wird für 2 Mio. DM verkauft. Es stand noch, nach Abschreibungen auf die Werkshalle, mit insgesamt 1 Mio. DM in der Schlußbilanz des letzten Jahres. Bei Abschluß des Kaufvertrages werden 2 Mio. DM auf das Bankkonto überwiesen. Danach sieht das Bestandskonto so aus:

0 0 1 – GRUNDSTÜCKE UND GEBÄUDE MIT . . .

Anfangsbestand am 1.1.	998	1000000,–	Eingang Kaufpreis auf Bankkonto	113	2000000,–

Auf den Gebäudeanteil sei noch eine Abschreibung für das lfd. Jahr von 20 000,– DM erforderlich. Diese wird vorgenommen mit der Buchung

Abschreibung auf Gebäude 230 001 20 000,–

Danach stehen auf der Habenseite 2 020 000,– DM, auf der Sollseite 1 000 000,– DM. Es ist ein Buchgewinn von 1 020 000,– DM entstanden. Wenn er nicht versteuert werden soll, darf er nicht als Ertrag ausgewiesen werden. Er wird stattdessen solange auf einem Zwischenkonto ausgewiesen, bis ein Ersatzgrundstück gekauft wird. Das Zwischenkonto wird geführt als 091-**Sonderposten mit Rücklageanteil**.

Es wird also gebucht:

Buchgewinn als SoPo mit Rückl.ant. 001 091 1 020 000,–

Danach sieht das Konto 001 so aus:

0 0 1 – GRUNDSTÜCKE UND GEBÄUDE MIT . . .

Anfangsbestand am 1.1.	998	1000000,–	Eingang Kaufpreis auf Bankkonto	113	2000000,–
Buchgewinn auf SoPo mit R'ant.	091	1020000,–	Abschreibung Gebäude lfd. Jahr	230	20000,–
		--------			--------
		2020000,–			2020000,–
		=========			=========

Wenn im nächsten oder übernächsten Jahr ein neues Grundstück für z.B. 2 Mio. DM gekauft wird, ergeben sich die folgenden Buchungen:

Kaufpreis für Grundstück überwiesen . . .	001	113	2 000 000,–
Auflösung SoPo mit Rücklageanteil	091	229	1 020 000,–
Abschreibung: a) steuerlich	230	001	1 020 000,–
b) normal	230	001	20 000,–

Das neue Konto sieht danach so aus:

0 0 1 – GRUNDSTÜCKE UND GEBÄUDE MIT . . .

Kauf, Banküberweisung	113	2000000,–	Abschreibung:	230	1020000,–
				230	20000,–

Es wird dann also mit 960 000,– DM in die Schlußbilanz eingehen.

Außer den Posten gem. § 6b EStG gibt es noch andere, die in den Sonderposten mit Rücklageanteil eingehen, z. B. die Preissteigerungsrücklage, die Rücklage für Ersatzbeschaffung, die Rücklage für Kapitalanlagen in Entwicklungsländern, u. a. m. Für ihre Besprechung im einzelnen ist hier kein Raum, wohl aber für einen weiteren, ab 1986 zulässigen Posten: Die rein steuerlich bedingten Sonderabschreibungen gem. § 247 (3) bzw. 273 HGB.

6.1.6 Sonderposten mit Rücklageanteil für steuerliche Sonderabschreibungen

Fast alle Sonderabschreibungen und ähnliche Wahlrechte des Steuerrechts sind entsprechend dem **Maßgeblichkeitsprinzip** nur dann zulässig, wenn sie schon in der Handelsbilanz wahrgenommen werden. Die Zahlen des Abschlusses können dadurch so verändert werden, daß sie, für sich gesehen, irreführend wären. Z. B. ist es erlaubt, bestimmte Investitionen in Berlin schon im ersten Jahr mit 75 % abzuschreiben. Würde eine dort aufgestellte Maschine, gekauft für 1 Mio. DM, mit nur 250 000,– DM in der Bilanz ausgewiesen bei Abschreibungen von 750 000,– DM, so entstünde ein völlig falsches Bild. Deshalb sagt § 247 (2) HGB sinngemäß:

Steuerliche Sonderabschreibungen, die in der Handelsbilanz vorgenommen werden müssen, dürfen stattt direkt auch durch Zuführung dieses Betrages in den Sonderposten mit Rücklageanteil vorgenommen werden.

Wenn die genannte Maschine eine normale Nutzungsdauer von 5 Jahren hat, ergeben sich nach der Regelung des § 247 (3) HGB für das erste Jahr die folgenden Buchungen:

Kaufpreis Maschine, Banküberweisung....	030	113	1 000 000,–
normale Abschreibung, erstes Jahr	230	030	200 000,–

Die zusätzliche Sonderabschreibung wird sowohl in der Gewinn- und Verlustrechnung als auch in der Bilanz getrennt von der normalen:

Sonderabschr. gem. § 14 Berlin FG	224	092	550 000,–

In der Schlußbilanz würden diese beiden Posten dann so erscheinen:

Aktiva — Schlußbilanz per 31.12.19 .. — Passiva

Maschinen und masch. Anlagen	800000,–	Sonderposten mit Rücklageanteil	550000,–

Es wäre zulässig, den Posten von 1.020.000,– DM lt. Abschnitt 6.1.5 nicht erst aufzulösen, sondern als Sonderposten mit Rücklageanteil, nun gem. § 247 (3) HBG statt bisher nach § 6b EStG in den gemeinsamen Bilanzposten „Sonderposten mit Rücklageanteil“ auszuweisen. Der Buchungsgang lt. 6.1.5 ist jedoch deutlicher.

Test zum Abschnitt 6.1

Unten steht eine Reihe von Kurzdefinitionen zu Begriffen, die Sie im Abschnitt 6.1 kennengelernt haben. Tragen Sie den Begriff auf die Linie oberhalb der Definition ein.

\------------------

Saldo aus Anschaffungsausgaben und seitdem verbuchten Abschreibungen sowie Zuschreibungen für einen Vermögensgegenstand.

\------------------

Verminderung des Buchwerts eines Vermögensgegenstandes.

\------------------

Verminderung des Buchwerts eines Vermögensgegenstandes durch eine Habenbuchung auf dem entsprechenden Aktivkonto.

\------------------

Verminderung des Buchwerts eines Vermögensgegenstandes durch eine Habenbuchung auf einem eigens zur Aufnahme solcher Posten vorgesehenen Passivkonto.

\------------------

Verminderung des Buchwerts eines Vermögensgegenstandes in der Höhe, die im voraus, i.d.R. bei der Inbetriebnahme des Gegenstandes für alle Rechnungsperioden seiner Nutzung festgelegt wurde.

\------------------

Verminderung des Buchwerts eines Vermögengegenstandes, die nicht im voraus festgelegt war.

\------------------

Differenz zwischen dem Buchwert und dem Erlös für einen verkauften Vermögensgegenstand.

Erhöhung des Buchwerts eines Vermögensgegenstandes, z.B. weil der Grund für eine vorhergegangene apl./a.o. Abschreibung entfallen ist.

Bilanzposten auf der Passivseite zur vorübergehenden Aufnahme eines Buchgewinnes, der nach Beschaffung eines neuen Vermögensgegenstandes durch eine Sonderabschreibung auf diesen aufgelöst wird.

Übungsaufgabe zum Abschnitt 6.1

Formulieren Sie zu den folgenden Vorgängen die Buchungssätze und tragen Sie diese in das Journal ein. Vernachlässigen Sie die MWSt.

1. Fritz Tipper kauft Anfang März 1986 einen VW-Bus (Anschaffungsausgaben 3000,— DM, Nutzungsdauer planmäßig 2 Jahre) und schreibt den Betrag für den Monat März 1968 indirekt ab.
2. Ende Januar 1987 verkauft er den Bus für 1500,— DM bar. Die Abschreibungen für das Jahr 1986 (März bis Dezember) wurden alle indirekt ausgeführt.
3. Ignorieren Sie das unter 2. Gesagte. Nehmen Sie an, Tipper habe für den Bus Ende Januar 1987 noch 2000,— DM erhalten.
4. Die Hopfen und Malz AG, Brauerei seit 1586, verkauft nach ihrem 400jährigen Jubiläum ihr altes Brauhaus mit Grundstück im historischen Stadtkern von Unter-Suffenburg am Oberinn an die Traditions-Bauherrengemeinschaft GmbH & Co. KG, die das alte Brauhaus stilgerecht umbauen will in einen Traditionsgasthof zur anschließenden Verpachtung an die Hospes-Betriebs-GmbH. Kaufpreis 5 Mio. DM, die auf Bankgiro überwiesen werden. Letzter Buchwert: 50 000,— DM. Das Geld ging am 15. 12. 1986 ein. Im August 1987 wird ein neues Grundstück im „Gewerbepark Ober-Suffenburg/Unterinn" für 6 Mio. DM erworben. Es wird durch Bankgiro sofort bezahlt. Von allen Möglichkeiten der Steuereinsparung wird selbstverständlich Gebrauch gemacht.
5. Auf dem neuen Grundstück wird eine moderne Braustätte errichtet. Baukosten etc. etc.: 10 Mio. DM. Diesen Vorgang brauchen Sie nicht zu buchen. Wohl aber die folgende Sonderabschreibung: Im Jahr der Errichtung werden gem. § ... Absatz (...) des ... Gesetzes zur Förderung der ... zusätzlich zu den normalen Abschreibungen noch 25% Sonderabschreibungen vorgenommen mit steuerlicher Wirkung.

JOURNAL ZU ÜBUNGSAUFGABE 6.1

Hinweise zum Geschäftsvorfall:	Buch.– Nr.:	Kont-Nummer Soll:	Haben:	Betrag DM
Kauf und Inbetriebnahme VW-Bus, Anfang März 1986	1a			
indirekte Abschreibung März darauf, Nutz.dauer 24 Monate	1b			
Verkauf VW-Bus gegen bar, Ende Januar 1987 1500 DM	2a			
Ausbuchen der indir. Abschr. darauf	2b			
Abschreibung für den Monat Januar 1987	2c			
Buchverlust beim Verkauf des VW-Bus'	2d			
Verkauf VW-Bus gegen bar, Ende Januar 1987, aber 2000 DM	3a			
entspr. 2b	3b			
entspr. 2c	3c			
entspr. 2d	3d			
Eingang Kaufpreis f. Altes Brauhaus, 5 Mio DM, Bankgiro	4a			
Buchgewinn daraus in Sonderposten mit R'lageanteil	4b			
Kauf neues Grundstück Gewerbepark, 6 Mio DM, Bankgiro	4c			
Auflösung Sonderposten mit Rückl., Altes Brauhaus	4d			
Sonderabschreibung auf neue Braustätte gem. § . . . 2,5 Mio	5			

Die Beschreibung aller weiteren Abschlußbuchungen ist so gegliedert, wie es sich aus den verschiedenen anzuwendenden Buchungsverfahren ergibt. Deshalb gibt es kein großes Kapitel „Umlaufvermögen“. Zweckmäßiger ist die Behandlung von Buchungsfragen zum Vorratsvermögen, getrennt von denen zu Forderungen und die gemeinsame Behandlung von Anzahlungen mit den Rechnungsposten, letztere sowohl auf der Aktiv- wie auf der Passivseite.

6.2 Vorräte

Zum Vorratsvermögen gehören, entsprechend dem Schema des § 266 HGB:

1. Roh-, Hilfs- und Betriebsstoffe
2. unfertige (eigene)* Erzeugnisse
3. fertige (eigene)* Erzeugnisse und (Handels-)*waren
4. geleistete Anzahlungen

Diese Posten beeinflussen die folgenden Positionen der Gewinn- und Verlustrechnung gem. § 275 HGB:

2. Erhöhung oder Verminderung des Bestands an fertigen und unfertigen (eigenen)* Erzeugnissen

5a. Aufwendungen für Roh-, Hilfs- und Betriebsstoffe und für bezogene (Handels-)* Waren

Die Worte in ( )* stehen nicht im HGB; sie wurden der Deutlichkeit halber ergänzt.

Der Posten (Handels-)*Ware wird also im Abschlußschema einmal mit fertigen (eigenen)* Erzeugnissen, dann mit Roh-, Hilfs- und Betriebsstoffen zusammengezogen. Er erfordert demnach ein eigenes Konto, das bereits im Abschnitt 2.4 besprochen wurde, das Konto 390-Handelsware. Die weiteren Konten des Vorratsvermögens sind:

300-Roh-, Hilfs- und Betriebsstoffe
700-unfertige (eigene)* Erzeugnisse
750-fertige eigene Erzeugnisse
150-geleistete Anzahlungen (soweit nicht zur Anzahlung auf das Anlagevermögen)

Der Abschluß des Kontos 390-Handelsware wurde bereits erläutert. Ihm entspricht auch der Abschluß des Kontos 300-Roh-, Hilfs- und Betriebsstoffe mit den Arbeitsgängen:

- Ermittlung des Schlußbestandes (Inventur),
- Bewertung des Schlußbestandes (Inventar),
- Ausführungen der Schlußbestandsbuchung (Schlußbilanzkonto an 300-Roh-, Hilfs- und Betriebsstoffe),
- Saldieren des Kontos 300. Der Saldo ist Aufwand für Roh-, Hilfs- und Betriebsstoffe.

Auf beiden Konten (300 und 390) finden wir außer den Buchungen von Anfangs- und Schlußbestand zumindest noch eine Reihe von Buchungen für den Eingang von Material bzw. Handelsware, evtl. auch für Rücksendungen an die Lieferanten. Dagegen finden sich im einfachsten Fall keinerlei Buchungen von Zu- und Abgängen auf den Konten für eigene Erzeugnisse, denn der Zugang kommt ja aus dem eigenen Betrieb, der Abgang wird, wie beim Abgang von Handelsware an Kunden, nur auf einem Konto für Umsatzerlöse gebucht. Es ist nicht erforderlich, den Übergang der unfertigen eigenen in fertige eigene Erzeugnisse zu buchen. Der Saldo daraus geht unmittelbar in die Gewinn- und Verlustrechnung als Posten „2. Erhöhung oder Verminderung des Bestands an ... (eigenen)* Erzeugnissen" ein.

Das folgende Beispiel zeigt die Buchungen auf den Konten 300, 700 sowie 750, und wiederholt die Buchungen auf dem Konto 390 (vgl. dazu Abschnitt 2.5, Buchvertrieb Max Fleißig, Monat März 19..).

Im Monat März ging die Handelsware für 500,— DM ein, Material für 1000,— DM. Die Bestände waren:

	Anfangsbestand	Schlußbestand
300–Roh-, . . . stoffe (RHB)	500,– DM	1000,– DM
390–Handelsware	0,– DM	60,– DM
700–unfert. eig. Erzeugnisse	1000,– DM	500,– DM
750–fertige eig. Erzeugnisse	500,– DM	800,– DM

Die Konten sehen danach so aus wie in Abb. 10

3 0 0 – ROH-, HILFS- UND BETRIEBSTOFFE

Anfangsbestand	998	500,– DM	Schlußbestand	999	1000,– DM
Zugänge	160	1000,– DM	Verbrauch	989	500,– DM
		1500,– DM			1500,– DM

3 9 0 – HANDELSWARE

Anfangsbestand	998	0 DM	Schlußbestand	999	60,– DM
Zugänge	160	500,– DM	Einstandswert verk. H'ware	989	440,– DM
		500,– DM			500,– DM

7 0 0 – UNFERTIGE EIGENE ERZEUGNISSE

Anfangsbestand	998	1000,– DM	Schlußbestand	999	500,– DM
			Verminderung	989	500,– DM
		1000,– DM			1000,– DM

7 5 0 – FERTIGE EIGENE ERZEUGNISSE

Anfangsbestand	998	500,– DM	Schlußbestand	999	800,– DM
Erhöhung	989	300,– DM			
		800,– DM			800,– DM

9 8 9 – GEWINN- UND VERLUSTKONTO

Materialverbrauch	300	500,– DM	Erhöhung des Best. fert. Erz.	750	300,– DM
Einstandswert verk. H'ware	390	440,– DM			
Verminderung Best.unf. Erz.	700	500,– DM			

Abb. 10: Buchungen auf den Konten des Vorratsvermögens

6.3 Forderungen

Forderungen verteilen sich auf bis zu zehn verschiedene Positionen der Bilanz. Es genügt jedoch anhand des i.d.R. größten Postens, den Forderungen aus Lieferungen und Leistungen, die Buchungsverfahren zu erläutern. Sinngemäß gilt dann für die anderen neun Posten das Gleiche.

Forderungen aus Lieferungen und Leistungen entstehen, weil Kunden nicht sofort bei Übergabe der Ware in bar bezahlen. Sie behaupten später vor Gericht u. U., die Ware sei nicht einwandfrei (Mängelrüge), sie hätten noch eine Gegenforderung und müßten deshalb nicht zahlen, u. ä. – Sie werden vielleicht zahlungsunfähig. – Bei einer durch Wechsel verbrieften Forderung gibt es zwar kaum noch die Möglichkeit für den Schuldner, diese Forderung vor Gericht zu bestreiten, wohl aber bleibt das Risiko, wie bei jeder anderen Forderung auch, daß der Schuldner nicht oder nur mit erheblicher Verspätung zahlen kann.

Dieses Risiko entsteht im Zeitpunkt der Vereinbarung einer späteren statt der sofortigen Zahlung, also z.B. schon beim Abschluß eines Kaufvertrages. Es wird spätestens berücksichtigt beim Aufstellen des Jahresabschlusses. Dann sollte das in den Forderungen vorhandene Risiko in drei Gruppen unterschieden werden:

- Das Risiko ist annähernd null, weil die Forderung gegen eine **„Erste Adresse“** besteht, die sowohl jederzeit zahlungsfähig ist als auch pünktlich zahlt und deren Zahlungsfähigkeit „über jeden Zweifel erhaben“ ist.
- Das Risiko ist sichtbar, weil der Schuldner schon x-mal erfolglos gemahnt wurde oder gesagt hat, daß er nicht zahlen kann; bzw. es läuft ein Vergleichs- oder gar ein Konkursverfahren.
- Die Forderung gehört weder zu der ersten noch zu der zweiten Gruppe.

Das Risiko ist nicht deutlich sichtbar, aber auch nicht ausgeschlossen.

„Erste Adressen“ begleichen ihre Warenschulden, also die Forderungen (L + L) ihres Lieferanten, i.d.R. innerhalb der Skontofrist von 8 bis 14 Tagen. Der Lieferant wird also kaum noch Forderungen (L + L) gegen erste Adressen haben, wenn der Jahresabschluß erstellt wird, denn das geschieht selten früher als 4 bis 6 Wochen nach Jahresschluß.

Wenn das Risiko beim einzelnen Schuldner schon erkennbar ist, sollte es auch in der Buchhaltung durch das Buchen auf getrennten Konten deutlich gemacht werden. Das geschieht durch Umbuchungen vom „normalen“ Forderungskonto auf das Konto 141-Dubiose Forderungen. Anschließend muß der wahrscheinliche, eher zu hoch als zu niedrig zu schätzende Ausfall durch eine Abschreibung auf die jeweilige Forderung berücksichtigt werden.

Es bleiben Forderungen gegen diejenigen Schuldner, über die bis jetzt keinerlei schlechte Nachrichten vorliegen. Sie mögen im Zeitpunkt der Erstellung des Jahresabschlusses alle sowohl zahlungswillig als auch zahlungsfähig sein. Ob sie aber beides noch sein werden, wenn die Forderung gegen sie fällig wird, kann niemand mit Sicherheit sagen. Ebensowenig kann man sagen, welche Schuldner mit welchen Beträgen um wie lange Zeit zu spät oder um wieviel Prozent zu wenig zahlen werden. Allenfalls läßt sich aus der Erfahrung vergangener Jahre oder der Branche sagen, daß durchschnittlich ..% dieser Forderungen nicht eingehen werden. Eine Berücksichtigung des Ausfallrisikos bei Forderungen in Höhe von 3% wird i.d.R. ohne weiteres als steuerlich zulässig angesehen; mehr wäre anhand der eigenen Erfahrungen oder der der Branche zu begründen.

Das folgende Beispiel erläutert die Buchungen: Die Novissima AG hat ihre Geschäftstätigkeit im Januar 2001 aufgenommen. Im Laufe des Jahres hat sie für 1 100 000,– DM (einschl. 10 % MWSt) Waren gegen Rechnung an ihre Kunden geliefert (Buch.-Nr. 1 – 3). Am 31. Dezember 1985 stehen davon noch 440 000,– DM aus; 660 000,– haben die Kunden bezahlt. Die 440 000,– DM setzen sich so zusammen:

a) 110 000,– DM (einschl. 10% MWSt) gegen die Oberfaul GmbH & Co. KG. Das beantragte Vergleichsverfahren wurde abgelehnt und der Anschlußkonkurs eröffnet. Der vorläufige Konkursverwalter hat eine Quote von 10% als „nach meiner bisherigen Übersicht nicht völlig ausgeschlossen“ bezeichnet.
b) 110 000,– DM (einschl. 10% MWSt) gegen die Pech GmbH. Das Vergleichsverfahren wurde eröffnet.
c) 220 000,– DM (einschl. 10% MWSt) gegen rd. 20 andere Kunden. Diese zahlten bisher z.T. halbwegs pünktlich, z.T. nach der ersten oder zweiten Mahnung. Ausfälle waren in 2001 lediglich bei einem einzigen Kunden mit 1100,– DM zu verzeichnen.

Am 31. Januar 2002, als der Oberbuchhalter Heinrich Genau (HeGe) den Abschluß per 31. Dezember 2001 vorbereitet, sind von den 220 000,– DM lt. c) schon 110 000,– DM eingegangen. Alle anderen Posten, also je 110 000,– DM lt. a), b) und c), stehen auf dem Konto 140-Forderungen (L+L).

HeGe muß damit rechnen, daß vom Konkursverwalter der Oberfaul GmbH & Co. KG maximal 10%, also 11 000,– DM eingehen werden. Sicher oder nur wahrscheinlich ist das nicht; die Quote könnte auch gegen 0% tendieren. HeGe entscheidet sich für 5%, weil man bei Unsicherheit die Risiken eher zu hoch als zu niedrig einschätzen sollte (**Vorsichtsprinzip**). Die Unsicherheit macht er intern dadurch deutlich, daß er die 110 000,– DM zunächst auf das Konto 141-Dubiose Forderungen umbucht: (Nr. 4)

Forderung Oberfaul auf Dubiose ...... 141 140 110 000,– DM

Anschließend schreibt er 95% ab, davon aber die anteilige MWSt zu Lasten des Finanzamts, denn die Novissima AG ist nur die Zahlstelle für die MWSt, nicht der Träger des Risikos. HeGe bucht also: (Nr. 5 und 6)

Abschreibung 95% auf eigene Forderung gegen Oberfaul	232	141	95 000,– DM
dto., auf die MWSt-Forderung	175	141	9500,– DM

Wenn HeGe noch vorsichtiger sein müßte, weil eine Konkursquote von 0% oder die Ablehnung des Konkursverfahrens mangels Masse wahrscheinlich ist, würde er die Forderung bis auf einen **Erinnerungswert** von 1,– DM abschreiben.

Weil das Vergleichsverfahren gegen die Pech GmbH schon eröffnet worden ist, ist eine Mindestquote von 35% wahrscheinlich. HeGe bucht die 110 000,– DM auf das Konto 141-Dubiose um und schreibt 65 % ab: (7 – 9)

Forderung Pech GmbH auf Dubiose	141	140	110 000,– DM
Abschreibung 65% auf eigene Ford.	232	141	65 000,– DM
dto., auf die MWSt-Forderung	175	141	6 500,– DM

Das Risiko, daß von den restlichen Forderungen (am 31. 12. 1985 220 000,– DM, jetzt 110 000,– DM) noch einiges ausfällt, kann HeGe nicht beziffern.

Er hält sich deshalb an den steuerlich ohne weiteres anzuerkennenden Satz von 3 % auf den Bestand per 31. 12. 2001. Weil er keine einzelnen Forderungen abschreiben kann, wählt er für den Betrag ein eigenes Konto 159-Pauschalwertberichtigungen auf Forderungen und bucht: (Nr. 10)

3% Pauschalwertberichtigung auf die eigenen Forderungen	232	159	6000,– DM

Hierzu ist eine MWSt-Buchung noch nicht möglich, denn es fehlt an einem konkretisierbaren Risiko.

Diese Vorgänge wirken sich so im Abschluß aus:

– Die Forderungen (L + L) erscheinen in der Bilanz in einem einzigen Posten:

Oberfaul	110.000,–		
./. Verlust	95.000,–		
./. MWSt-Rückb. ...	9.500,–	5.500,–	
Pech	110.000,–		
./. Verlust	65.000,–		
./. MWST-Rückb. ...	6.500,–	38.500,–	
übrige	220.000,–		
./. Pauschalwertber. ..	6.000,–	214.000,–	258.000,–

– Die Abschreibungen auf die Forderungen erscheinen in der Gewinn- und Verlustrechnung unter Nr. 8 (Sonstige . . .)

Oberfaul	95.000,–	
Pech	65.000,–	
übrige	6.000,–	166.000,–

– Die MWSt-Verbindlichkeiten werden um die folgenden Beträge geringer:

Oberfaul	9.500,–	
Pech	6.500,–	16.000,–

Abb. 11 zeigt den bisherigen Gang der Buchungen im Journal und auf den T-Konten

Das Schicksal der Forderungen im Jahr 2002 sei so:

a) Das Konkursverfahren Oberfaul wird abgeschlossen. Es gibt eine Quote von nur noch 3%.
b) Ebenso wird das Vergleichsverfahren Pech abgeschlossen. Die Quote beträgt jedoch 40%.
c) Von den 110 000,– DM, die am 31. 01. 2002 noch aus 2001 offen standen, müssen 7700,– DM als endgültig verloren betrachtet werden; der Schuldner „Solida GmbH" hat ein Konkursverfahren beantragt, das mangels Masse abgelehnt wurde.

Wider Erwarten war der Verlust in den Fällen a) und c) also größer, im Fall b) kleiner als erwartet. Die Differenz ist periodenfremder Ertrag bzw. periodenfremder Aufwand und muß entsprechend gebucht werden. Für den periodenfremden Aufwand ist das Konto 222 vorgesehen, das schon bei der außerplanmäßigen Abschreibung (vgl. Abschnitt 6.1.2) benutzt wurde. Periodenfremden Ertrag nimmt das Konto 226 auf.

HeGe bucht demnach für den Fall a) (Oberfaul): (Nr. 14 – 16)

Eingang Konkursquote auf Bankgiro	113	141	3300,– DM
periodenfremder Aufwand, weil Quote niedriger als erwartet	222	141	2000,– DM
anteilige Mehrwertsteuer	175	141	200,– DM

Damit ist der Posten „Oberfaul" auf dem Konto 141-Dubiose abgeschlossen.

Im Fall b) (Pech GmbH) bucht HeGe: (Nr. 17 – 19)

Eingang Vergleichsquote auf Bankgiro . .	113	141	44 000,– DM
periodenfremder Ertrag, weil Quote höher als erwartet	141	226	5000,– DM
anteilige MWSt	141	175	500,– DM

Für den Fall c) ist zunächst die Forderung unter Berücksichtigung von 10% MWSt auszubuchen. Die Forderung stand noch auf dem Konto 140-Forderungen (L+L); sie stammt aus dem Jahr 2001, ist also zu Lasten der Pauschalwertberichtigung zu buchen: (Nr. 20 – 21)

Forderungsverlust wegen Konkursablehnung	159	140	7000,– DM
anteilige MWSt	175	140	700,– DM

Das Konto 159 weist aber nur einen Anfangsbestand von 6000,– DM auf. Es läge nun nahe, weitere 1000,– DM zu Lasten des Kontos 232-Einstellungen in die Pauschalwertberichtigung zu buchen. Das wäre jedoch irreführrend, denn es fehlen 1000,– DM, weil das Risiko in 2001 zu niedrig angesetzt wurde. Das Konto 232 soll die im laufenden Jahr verursachten Risiken aufnehmen, nicht die alten. Sind sie zu niedrig angesetzt, so bleibt, wie im Fall Oberfaul oben, nur die Buchung zu Lasten des periodenfremden Aufwands, also des Kontos 222.

Es wird also gebucht: (Nr. 22)

periodenfremder Aufwand, weil Pauschalwertber. in 2001 zu niedrig angesetzt	222	159	1000,– DM

Das Jahr 2002 bringt noch weitere Verluste: Der Kunde Theobald Reichmann, der seine Ware am 1. 2. 2002 bezogen hat, stirbt. Seine Witwe zeigt, daß ihr Mann nichts hinterlassen hat. 1100,– DM (einschl. 10 % MWSt) sind verloren.

Diesen Verlust kann HeGe nicht zu Lasten des Kontos 159-Pauschalwertberichtigungen buchen, weil das Konto 159 nur für Verluste vorgesehen ist, die aus Forderungen des Vorjahres stammen. Auch dann, wenn das Konto noch nicht leergeräumt worden wäre, müßte der Verlust zu Lasten des laufenden Jahres auf dem dafür vorgesehenen Konto 232-Einstellungen .... und Abschreibungen auf Forderungen ausgeführt werden. Es wird also gebucht:

Verlust einer aus diesem Jahr stammenden Forderung (Nr. 25) . . .	232	140[1]	1000,– DM
anteilige MWSt (Nr. 26)	175	140	100,– DM

Beim Erstellen des Jahresabschlusses für 2002 verfährt HeGe ebenso wie im Vorjahr. Er müßte jedoch noch zusätzlich prüfen, ob zu Beginn des Jahres 2003 noch Forderunge aus dem Jahr 2001 offen sind und ob die aus dem Jahr 2001 stammende Pauschalwertberichtigung auf Forderungen noch nicht verbraucht ist. Die alten Forderungen müßte er erneut bewerten. Sind sie schon per 31. 12. 2001 teilweise abgeschrieben und inzwischen noch weniger wert geworden, muß er zu Lasten des Kontos 222-periodenfremder Aufwand buchen. Sind alte Forderungen noch auf dem Konto 140, also ohne teilweise Abschreibung verbucht, so ist zu prüfen, ob das Konto 159-Pauschalwertberichtigung noch einen solchen Rest aufweist, der das Risiko deckt. Ist der Rest größer, entsteht ein periodenfremder Ertrag (Konto 226), ist er kleiner, ein periodenfremder Aufwand (Konto 222).

Abb. 12 zeigt Journal und T-Konten des Jahres 2002, soweit sie Vorgänge in Zusammenhang mit Forderungsrisiken betreffen.

In der Praxis wird nicht immer so genau zwischen periodenfremden und periodenzugehörigen Abschreibungen unterschieden. Es unterbleibt evtl. auch die Umbuchung von zweifelhaften Forderungen auf das Konto 141-Dubiose. Bei Beträgen, die das Jahresergebnis nur geringfügig verändern, mag das noch hinzunehmen sein. Bei größeren Beträgen könnte aber die vom HGB ausdrücklich geforderte Trennung zwischen periodenfremden und periodenzugehörigen Posten erforderlich werden; § 277 (4) HGB sagt:

---

[1] Am Verlust besteht kein Zweifel; deshalb wird nicht erst über Konto 141-Dubiose gebucht.

... (die Pflicht zur Erläuterung) „gilt auch für Erträge und Aufwendungen, die einem anderen Geschäftsjahr zuzurechnen sind''. Vor dem Hintergrund z. B. der Milliardenverluste aus Altkrediten an das Ausland, die die deutschen Großbanken in den Jahren 1982 – 1984 verbuchen mußten, gewinnt diese auf den ersten Blick etwas umständlich erscheinende Buchungsregel ihren Sinn. Die Banken hatten Rekordjahre im normalen Geschäft mit höheren Gewinnen als jemals in ihrer Geschichte. Durch Abschreibungen auf Altkredite wurden diese Gewinne bei einigen Instituten voll aufgezehrt.

Die bis jetzt besprochenen Forderungen sind solche auf Geld. Daneben kommen in Betrieben auch solche auf die Lieferung oder Leistung vor. Sie erscheinen in der Bilanz als Anzahlungen oder als Posten der Rechnungsabgrenzung.

JOURNAL (im Jahre 2001)

Hinweise auf den Geschäftsvorfall	Bu.-Nr.	Kto.-Bel.	Nr. Gut.	– Betrag – – DM –
Warenausgang an Kunden gegen Rechnung	1	140	850	1.000.000
dazu 10% MWSt	2	140	175	100.000
Überweisung d. Kunden, Bankgiro .	3	113	140	660.000
Anschlußkonkurs Oberfaul . . .	4	141	140	110.000
Abschreibung f. Oberfaul, 95% . . .	5	232	141	95.000
dazu 10% MWSt	6	175	141	9.500
Vergleichsverfahren Pech	7	141	140	110.000
Abschreibung für Pech, 65% . . .	8	232	141	65.000
dazu 10% MWSt	9	175	141	6.500
Pauschalwertberichtigung für übrige Forderungen (L + L), 3% ohne MWSt	10	232	159	6.000

113-Bankgiro

3) 140 660000	

175-Mehrwertsteuer

6) 141 9500	2) 140 100000
9) 141 6500	

140-Forderungen

1) 850 1000000	3) 113 660000
2) 175 100000	4) 141 110000
	7) 141 110000

232-Abschreibungen auf . . .

5) 141 95000	
8) 141 65000	
10) 159 6000	

141-Dubiose

4) 140 110000	5) 232 95000
	6) 175 9500
7) 150 110000	8) 232 65000
	9) 175 6500

850-Umsatzerlöse

	1) 140 1000000

159-Pauschalwertberichtigung

	10) 232 6000

Abb. 11: Forderungsrisiken beim Abschluß

JOURNAL (Vorgänge im Jahr 2002)

Hinweise auf den Geschäftsvorfall		Bu.-Nr.	Kto.-Bel.	Nr. Gut.	– Betrag – – DM –
Anfangsbestände:	Forderungen (L + L)	11	140	998	220000,–
	Dubiose	12	141	998	44000,– 1)
	Pauschalwertb. . . .	13	998	159	6000,–
Eingang Konkursquote Oberfaul		14	113	141	3300,–
dazu periodenfremder Aufwand, weil Quote niedriger als erwartet		15	222	141	2000,–
dazu 10% MWSt		16	175	141	200,–
Eingang Vergleichsquote Pech		17	113	141	44000,–
dazu periodenfremder Ertrag, weil Quote höher als erwartet		18	141	226	5000,–
dazu 10% MWSt		19	141	175	500,–
Anschlußkonkurs Solida (Ford. aus 1985) . .		20	159	140	7000,–
10% MWSt darauf		21	175	140	700,–
periodenfremder Aufwand, weil Pauschalwertb. zu niedrig		22	222	159	1000,–
Warenausgang Reichmann gegen Rechnung . .		23	140	850	1000,–
dazu 10% MWSt		24	140	175	100,–
Ausbuchen Forderung Reichmann		25	232	140	1000,–
10% MWSt darauf		26	175	140	100,–

113-Bankgiro

14)	141	3300			
17)	141	44000			

222-periodenfremder Aufwand

15)	141	2000			
22)	159	1000			

140-Forderungen (L + L)

11)	998	220000	20)	159	7000
23)	850	1000	21)	175	700
24)	175	100	25)	232	1000
			26)	175	100

226-periodenfremder Ertrag

			18)	141	5000

141-Dubiose

12)	998	44000 1)	14)	113	3300
18)	226	5000	15)	222	2000
19)	175	500	16)	175	200
			17)	113	44000

232-Abschreibungen auf . . .

25)	140	1000			

159-Pauschalwertberichtigung

20)	140	7000	13)	998	6000
			22)	222	1000

850-Umsatzerlöse

			23)	140	1000

175-Mehrwertsteuer

16)	141	200	19)	141	500
21)	140	700	24)	140	100
26)	140	100			

998-Anfangsbilanzkonto

13)	159	6000	11)	140	220000
			12)	141	44000 1)

1) 5500 DM (Oberfaul) + 38.500 DM (Pech)

Abb. 12: Forderungsrisiken aus dem Vorjahr und dem laufenden Jahr

Test zu den Abschnitten 6.2 und 6.3

Welche Positionen gehören nach dem Bilanzschema des HGB zum Vorratsvermögen?

________________________________ , ________________________________

________________________________ , ________________________________

Welche Positionen im Schema der GuV-Rechnung des HGB werden durch das Vorratsvermögen unmittelbar beeinflußt?

________________________________ , ________________________________

Welche Arbeitsgänge sind erforderlich, um die Konten

- 300-Roh-, Hilfs- und Betriebsstoffe
- 390-Handelsware

abschließen zu können?

________________________________ , ________________________________

________________________________ , ________________________________

Welche drei Gruppen von Forderungen sollten beim Jahresabschluß unterschieden werden, um das in ihnen enthaltene Risiko zu erkennen?

________________________________ , ________________________________

____

Wie bucht man, wenn ein Risiko in einer Forderung schon erkennbar geworden ist?

____

Wie berücksichtigt man das Risiko, das in den übrigen Forderungen wahrscheinlich noch enthalten ist?

____

Wer übernimmt den Ausfall der anteiligen Mehrwertsteuer, die in einer Forderung enthalten ist, wenn die Forderung als verloren anzusehen ist?

____

Welche Aufwands- und Ertragskonten können durch die Entwicklung des Risikos berührt werden, das in den Forderungen enthalten ist?

____

____

Übungsaufgabe zu den Abschnitten 6.2 und 6.3

Die EIGERZ AG hat per 31. 12. 2001 an Forderungen aus Lieferungen und Leistungen in der Bilanz 22.501,10 DM ausgewiesen. Dieser Betrag ergab sich als Saldo aus den folgenden Posten:

– Nominalbetrag der Forderungen (L + L) mit insgesamt 34.100,– DM

– direkte Abschreibungen auf zwei Forderungen:

- gegen die FIDUZIA GmbH & Co KG; Nominalbetrag 10.000,– + 10 % MWSt, abgeschrieben wegen Konkurses auf 10 %, also 1100,– DM
- gegen die SOLIDA GmbH; Nominalbetrag 1000 DM + 10 % MWSt, abgeschrieben wegen Konkurses auf den Merkbetrag von 1,– DM + 10 % MWSt, also 1,10 DM.

– Pauschalwertberichtigungen wegen des allgemeinen Forderungsrisikos auf alle anderen Forderungen: 600 DM

Tragen Sie die Anfangsbestände per 01. 01. 2002 auf die entsprechenden Konten ein und notieren Sie diese Buchungen im Journal (Buchungs-Nr. 1, 2 und 3).

Im Laufe des Jahres 2002 ergeben sich die folgenden Geschäftsvorfälle, die Sie noch buchen müssen:

a) Vom Konkursverwalter der FIDUZIA GmbH & Co KG kommt eine böse Nachricht: Der Konkurs wurde mangels Masse abgelehnt. Es wird also keinen Pfennig geben. – Buchen Sie entspechend unter Nr. 4 und 5.

b) Von seinem Kollegen, der für SOLIDA GmbH zuständig ist, kommt die – relativ – erfreuliche Nachricht, daß die Konkursquote den Rekordsatz von 20 % erreicht. Er überweist das Geld auf das Postgirokonto der EIGERZ AG. – Buchen Sie entspechend unter Nr. 6 bis 8.

Hier das Journal für die Buchungssätze Nr. 1 bis 8

JOURNAL ZU ÜBUNGSAUFGABE 6.2/6.3

Hinweise zum Geschäftsvorfall:	Buch-Nr.:	Konto-Nummer Soll:	Konto-Nummer Haben:	Betrag DM

c) Der Umsatz der EIGERZ AG im Jahre 2002 beträgt insgesamt 1 Mio DM + 10 % MWSt. – Buchen Sie der Einfachheit halber diese Beträge mit zwei Buchungssätzen: Nr. 9 und 10.

d) Von den Beträgen lt. c) gehen insgesamt auf dem Bankgirokonto 1.064.800 DM ein. Buchen Sie in einer Summe unter Buch.-Nr. 11.

e) Es meldet sich Rechtsanwalt Streitbar als Konkursverwalter des Kunden SOLVUS GmbH. Letzterer hat das gerichtliche Vergleichsverfahren beantragt. Es wurde vom Gericht eröffnet. SOLVUS schuldet der EIGERZ AG aus Lieferungen des Jahres 2001 1000,– DM + 10 % MWSt. Die EIGERZ AG schreibt diese Forderung angesichts der Unsicherheit wegen ihres voraussichtlichen Wertes auf 35 % ab. – Buchen Sie unter Buch.-Nr. 12 bis 14.

f) Alle anderen Forderungen aus dem Jahre 2001 gehen im Jahre 2002 voll ein. (Bankgiro) – Buchen Sie in einer Summe diese Eingänge (Buch.-Nr. 15).

g) Prüfen Sie, ob zur periodengerechten Erfolgsabgrenzung noch etwas für Vorgänge gebucht werden muß, die das Jahr 2001 betreffen.

Buchen Sie dann unter Nr. 16.

h) Bei der Durchsicht der Forderungen (L+L) aus Lieferungen des Jahres 2002 ergibt sich, daß der Kunde UNTERPECH der EIGERZ AG noch 2000 DM + 10 % MWSt schuldet, aber wegen eines inzwischen gegen ihn eröffneten Vergleichsverfahrens wahrscheinlich nicht mehr als 50 % zahlen wird. Die EIGERZ AG schreibt diese Forderung auf ihren wahrscheinlichen Wert von 50 % ab. – Buchen Sie unter Nr. 17 bis 19.

i) Bei allen anderen Kunden, die im Jahre 2002 beliefert wurden und die noch nicht bezahlt haben, ist kein besonderes Forderungsrisiko erkennbar. Die noch nicht bekannten Risiken werden dennoch mit 4 % bilanziell berücksichtigt. – Buchen Sie mit Buch.-Nr. 20.

Hier das Journal für die Buch.-Nr. 9 ff. Legen Sie ein Blatt ein, damit Sie anschließend buchen können, ohne umblättern zu müssen.

JOURNAL ZU ÜBUNGSAUFGABE 6.2/6.3

Hinweise zum Geschäftsvorfall:	Buch-Nr.:	Konto-Nummer Soll:	Konto-Nummer Haben:	Betrag DM

Für das Konto 141-Dubiose sind zwei Kontenvordrucke vorgesehen, weil mehr als vier Buchungen auf einer Kontenseite vorkommen.

Ermitteln Sie, mit welchem Betrag die Forderungen aus Lieferungen und Leistungen in die Bilanz per 31. 12. 2002 eingehen werden.

T–KONTEN ZU ÜBUNGSAUFGABE 6.2/6.3

SOLL/ Belastung			HABEN/ Gutschrift			SOLL/ Belastung			HABEN/ Gutschrift		
Bu. Nr.	Gg. kt.	Betrag DM	Bu. Nr.	Gg. kt.	Betrag DM	Bu. Nr.	Gg. kt.	Betrag DM	Bu. Nr.	Gg. kt.	Betrag DM

141-Dubiose

141-Dubiose

Damit ist Vorsorge getroffen worden für die Risiken, die mit der Hergabe von Kredit fast immer verbunden sind. Ob diese Vorsorge ausreicht, wird erst der Eingang (oder Nichteingang) der Forderungen im nächsten Jahr – evtl. auch noch später – zeigen.

6.4 Anzahlungen und Posten der Rechnungsabgrenzung

Ansprüche, die der Betrieb gegen Außenstehende hat oder die diese gegen ihn haben, weil bereits eine Zahlung geleistet wurde, aber die Gegenleistung noch aussteht, werden als Forderung bzw. Verbindlichkeit ausgewiesen, wenn als Gegenleistung die Rückzahlung vereinbart wurde; ob zusätzlich noch Zinsen anfallen oder die Rückzahlung höher ausfallen soll als die geleistete Zahlung, ist dabei gleichgültig. Wurde als Gegenleistung aber eine Lieferung vereinbart oder eine Dienstleistung, die Überlassung eines Rechts o.ä., so muß entweder ein Posten der Rechnungsabgrenzung oder eine Anzahlung ausgewiesen werden. Zur Unterscheidung zwischen Rechnungsabgrenzung und Anzahlung müssen die folgenden Fragen beantwortet werden:

– Wird die Gegenleistung den Aufwand oder den Ertrag späterer Perioden ändern?
– Ist die Gegenleistung nach Art, Umfang und Zeit schon genau vereinbart?

Werden beide Fragen mit Ja beantwortet, so wird ein Posten der Rechnungsabgrenzung gebucht, sonst eine Anzahlung. Dazu einige Beispiele:

a) Max Fleißig hatte die KFZ-Steuer und -Versicherung für drei Monate im voraus gezahlt. Weil er Ertrag und Aufwand jedes einzelnen Monats als eigener Rechnungsperiode gegen die nächsten Monate genau abgrenzen wollte, buchte er die zunächst als Aufwand des Monats März registrierten 285,– DM um. 190,– DM wurden dem Aufwandskonto wieder gutgeschrieben und dem Konto 098-Aktive Rechnungsabgrenzung belastet. 95,– DM, also $^1/_3$, weil für nur einen Monat, blieben auf dem Aufwandskonto (vgl. Abschnitt 3.4).
b) Fleißig würde im April und Mai jeweils 95,– DM auf den Monat entfallende KFZ-Steuer und -Versicherung buchen. Bezahlt wurden sie schon. Der Posten „Aktive Rechnungsabgrenzung“ würde dann um je 95,– DM vermindert.

Gebucht würde damit so:

Im März:

a) Kfz-Steuer, Banküberweisung	460	113	45,–
Kfz-Haftpflichtversicherung, Banküberweisung	470	113	240,–
Aktive Rechnungsabgrenzung, weil beide	098	460	30,–
Posten für März bis Mai................	098	470	160,–
Schlußbestand Aktive Rechnungsabgr. ..	999	098	190,–

Im April:

b) Anfangsbestand: Aktive Rechnungsabgr...	098	998	190,–
Kfz-Steuer April	460	098	15,–
Kfz-Versicherung April	470	098	80,–
Schlußbestand Aktive Rechnungsabgr. ..	999	098	95,–

Im Mai:

Anfangsbestand: Aktive Rechnungsabgr...	098	998	95,–
Kfz-Steuer Mai........................	460	098	15,–
Kfz-Versicherung Mai.................	470	098	80,–

Würde er Ende Mai schon für die Monate Juni bis August zahlen, so müßte seine Buchung lauten:

KFZ-Steuer und -Versicherung Jun.-Aug. .. 098 113 285,– DM

Rechnungsabgrenzungsposten kommen typischerweise auch bei Mietzahlungen vor, z.B.

c) Die Mini-GmbH erhält von der Gigant-AG die Miete für die Zeit 1. 1. bis 30. 6. bzw. 1. 7. - 31. 12. schon im Januar bzw. Juli, jeweils 6000,– DM für sechs Monate. Sie bucht dann zunächst einen Eingang von 6000,– DM auf dem Bankgirokonto. Es ist ein Ertrag, von dem man annehmen kann, daß er nicht zur gewöhnlichen Geschäftstätigkeit gehört. Dann wird er als betriebsfremder Ertrag gebucht. Also:

Mieteingang Jan. bis Juli, Bankgiro .... 113 205 6000,– DM

Wenn die Erträge der Monate Januar, Februar, März, ..., Juni jeweils getrennt erfaßt werden sollen, muß im Januar ein Betrag von 5000,– DM für die Monate Februar bis Juni so umgebucht werden, daß er erst in diesen Monaten als Ertrag erscheint. Das geschieht durch Einschalten des Kontos 099-Passive Rechnungsabgrenzung:

Vom Mieteingang in Höhe von 6000,– DM
waren 5000,– DM für Feb.-Juni .... 205 099 5000,– DM

In den folgenden Monaten wird nun jeweils ein Betrag von 1000,– DM als Ertrag gebucht:

Vom Mieteingang aus Januar waren 1000,– DM
für den lfd. Monat .... 099 205 1000,– DM

Wenn nur das ganze Jahr gegen das vorige und die nächsten abgegrenzt würde, müßte man entsprechend alle Zahlungen buchen, die schon ausgeführt wurden, für die aber noch die Gegenleistungen ausstehen. Zusätzlich ist erforderlich, daß diese Gegenleistungen den Aufwand oder Ertrag verändern.

Wenn die Gegenleistung noch nicht genau festgelegt wurde, noch nicht voll bezahlt wurde oder wenn sie nicht den Aufwand oder Ertrag ändern wird, bucht man eine Anzahlung.

Z.B.:

d) Die Mini-GmbH erhält von der Gigant-AG 20 500,– DM für Miete und Mietvorauszahlung. Letztere soll mit je 500,– DM monatlich verrechnet werden. Im Januar 1985 gehen also 20 500,– DM ein, die zunächst in einer Summe als Mietertrag gebucht werden:

Für Miete 20 000,– DM + 500,– DM .. 113 205 20 500,– DM

Davon sind 1000,– DM für den lfd. Monat, 19 500,– DM für später. Sie werden als erhaltene Anzahlungen gebucht.

Für Februar 1985 – April 1988 .... 205 173 19 500,– DM

Im Februar 1985 gehen 500,– DM auf dem Bankgirokonto ein, weitere 500, – DM sind von den Anzahlungen abzubuchen:

Mieteingang, Bankgiro .... 113 205 500,– DM
Mietverrechnung aus Anzahlungen ...... 173 205 500,– DM

Die Gegenleistung kann auch in einer Lieferung von Handelsware oder Roh-, Hilfs- und Betriebsstoffen bestehen. Dann wird bei der Lieferung zunächst nur der Bestand an Ware oder Material erhöht; verbraucht wird das Material u.U. erst einige Monate nach der erfolgten Lieferung. Z.B.:

e) Die Mini-GmbH erhält von der Gigant-AG einen Auftrag zur Lieferung von 100 Computern „Denkfixomat". Die Gigant-AG zahlt 10 000,– DM darauf an, wofür sie bei Lieferung 5% Skonto erhalten wird anstatt der üblichen 3%.

Die Gigant-AG wird zunächst bei der Zahlung nur buchen:

Anzahlung an Mini-GmbH für im Monat März zu liefernde 100 „Denkfixomat .... 150 113 10 000,– DM

Wenn die Mini-GmbH liefert, z.B. für 12 600,– DM + 10% MWSt, bucht die Gigant-AG:

Eingang 100 Denkfixomat .... 390 160 12 600,– DM
10% MWSt .... 155 160 1 260,– DM
Umbuchung Anzahlung .... 160 150 10 000,– DM

Auch bei voller Vorauszahlung würde so gebucht, z.B.:

f) Für den Auftrag lt. e) wurde ein „Preis bei voller Vorauszahlung von 10 000,- DM + 10% MWSt vereinbart. Die Gigant-AG überweist also 11 000,– DM.

Die Gigant-AG würde dann buchen:

Anzahlung an Mini-GmbH	150	113	11 000,– DM

Nach Eingang der Computer:

Eingang 100 Denkfixomaten	390	160	10 000,– DM
10% MWSt	155	160	1 000,– DM
Umbuchung Anzahlung	160	150	11 000,– DM

Die folgende Entscheidungstabelle gibt nochmals eine Übersicht über die sechs verschiedenen Fälle, in denen eine Gegenleistung für eine schon erfolgte Zahlung noch offensteht:

Wenn eine Zahlung schon vorgenommen wurde, aber die Gegenleistung noch offen steht und sie die folgenden Merkmale hat:	**dann** wird der Posten in der Bilanz des Betriebes, der die Zahlung*	
	geleistet hat	erhalten hat
	ausgewiesen als	
Es wird eine Rückzahlung erfolgen (Evtl. mit einem anderen Betrag / in anderer Währung)	Forderung	Verbindlichkeit
Die Gegenleistung steht nach Art, Umfang und Zeit genau fest und wird in einer späteren Rechnungsperiode Aufwand oder Ertrag ändern und ist vollständig bezahlt	Aktive Rechnungsabgrenzung	Passive Rechnungsabgrenzung
Alle anderen Fälle	Geleistete Anzahlung	Erhaltene Anzahlung

* Einer geleisteten Zahlung steht der Verzicht (ganz oder teilweise) auf eine zu erhaltende Zahlung gleich. Sinngemäß gilt das für erhaltene Zahlungen.

In den bisher besprochenen Fällen war die Bedingung, daß eine Zahlung schon erfolgt war. Darüberhinaus gibt es noch drei Arten von Geschäftsvorfällen, bei denen eine Rechnungsabgrenzung gebucht wird, unabhängig davon, ob eine Zahlung vorgenommen wurde oder nicht.

6.5 Sonderfälle der Rechnungsabgrenzung

Es kann vorkommen, daß eine Zahlung schon hätte erfolgen müssen, sie aber irrtümlich oder wegen der technischen Abwicklung verzögert erfolgt. In solchen Fällen bucht man dennoch eine Rechnungsabgrenzung, z.B.:

a) Die Mieter-AG hat mit der Vermieter-AG vereinbart, daß die Miete für die Zeit vom 1. 07. bis zum 30. 06. des folgenden Jahres jeweils in einem einzigen Betrag am 30. Dezember in Höhe von 12 000,— DM zu zahlen ist. Der Betrag wird jedoch erst am 5. Januar überwiesen, weil der Oberbuchhalter der Mieter-AG krank war und keiner Bescheid wußte.

Würde die Mieter-AG zum 31. 12. nur 6000,— DM Verbindlichkeiten ausweisen, so ergäbe sich ein falsches Bild, denn sie schuldete am 31. 12. schon 12 000,— DM. Nur 6000,— DM davon sind Aufwand des alten; die anderen 6000,— DM sind erst Aufwand des neuen Jahres. Sie mußte also noch für den Dezember buchen:

Mietverbindlichkeiten an Vermieter-AG	470	160	12 000,— DM
davon für nächstes Jahr	098	470	6 000,— DM

Zum gleichen Ergebnis würde es auch führen, beide Beträge getrennt zu buchen, also:

Mietverbindlichkeiten altes Jahr	470	160	6000,— DM
Mietverbindlichkeiten neues Jahr	098	160	6000,— DM

Wenn der Betrieb ein Darlehn oder eine Anleihe aufnimmt, erhält er normalerweise weniger ausbezahlt, als später zurückbezahlt werden muß. Den Unterschiedsbetrag, das **Agio** (wenn mehr als 100% des Nominalbetrags zurückgezahlt werden müssen) oder **Disagio** (wenn weniger als 100% des Nominalbetrags ausgezahlt werden), darf der Betrieb als Aufwand über die ganze Laufzeit verteilen, muß es also nicht im Jahr der Auszahlung voll als Aufwand buchen. Dafür wird dann ein eigener Posten der aktiven Rechnungsabgrenzung, getrennt von den anderen, ausgewiesen. Z.B.:

b) Die Novissima-AG erhält im Januar 1985 von der Realkreditbank ein grundbuchlich gesichertes Darlehn von 500 000,— DM, rückzahlbar nach fünf Jahren zu 100%. Zins nur 6% p.a., aber Auszahlung auch nur 90%.

Novissima wird zunächst bei der Auszahlung nur buchen:

Darlehn Realkredit, Eingang Bankgiro ..	113	064	450 000,— DM

Die Verbindlichkeit beträgt jedoch 500 000,— M, nicht nur 450 000,— DM. Spätestens am Jahresende muß deshalb das Konto 064 auf den vollen Betrag von 500 000,— DM gebracht werden. Weil das Jahr 1985 nicht mit den vollen 50 000,— DM Disagio belastet werden soll, vielmehr alle fünf Jahre gleichmäßig, entsprechend dem Zinsvorteil, die Last des Disagio tragen sollen, wird zunächst gebucht:

Disagio Realkredit	097	064	50 000,— DM

Wenn am 31. Dezember die erste Zinszahlung fällig wird, bucht die Novissima-AG:

Zinsüberweisung Realkredit	240	113	30 000,– DM

Der Vorteil so niedriger Zinsen wurde erkauft mit 50 000,– DM Disagio, verteilt auf fünf Jahre. So muß für 1985 noch ein Zinsaufwand gebucht werden, unabhängig von der Bezeichnung unter der die 50 000,– DM zunächst registriert wurden:

Abschreibung Disagio Realkredit, 1985..	240	097	10 000,– DM

Der Aufwand für das Realkredit-Darlehn ist also nicht 30 000,– DM, sondern 40 000,– DM, entsprechend 8,88% Zinsen auf die erhaltenen 450 000, – DM.

Eine weitere Gruppe von Posten der Rechnungsabgrenzung ist erst durch das Bilanzrichtlinien-Gesetz von 1985 geschaffen worden: Als Aufwand gebuchte Abgaben, die den Wert von Vorräten erhöhen (§ 250 Abs. 1 HGB). Das könnten z. B. sein:

c) Die Homabräu-AG bucht die monatlich abzurechnende Biersteuer sofort als Aufwand zu Lasten des Kontos 460. Die Steuer wird fällig mit der Entfernung der Produkte aus dem Herstellbetrieb. 1000 hl lagern am 31. 12. nicht bei Kunden, sondern im Auslieferungslager. 15 000,– DM Biersteuer sind dafür schon als Aufwand gebucht. In der Bilanz werden alle Biervorräte mit den Herstellungskosten, ohne Biersteuer, bewertet.

Daraus würden sich folgende Buchungen ergeben:

Biersteuer Dezember, 5000 hl an Kunden, 1000 hl an Auslieferungslager	460	178	90 000,–
Schlußbestand Bier, 3000 hl in eigenen Kellern, 1000 hl im Auslieferungslager, je hl 50,– DM Herstellungskosten..............	999	750	2 000 000,–
anteilige Biersteuer auf Bier im Auslieferungslager, 1000 hl je 15,– DM	098	460	15 000,–

Schließlich wäre es noch zulässig, einen eigenen Abgrenzungsposten „zu hoch angesetzter, später sich auszugleichender Steueraufwand (latente, aktive Steuern)“ als „Bilanzierungshilfe“ auf der Aktivseite der Bilanz auszuweisen (§ 274, Abs. 2 HGB). Es würde dann z. B. gebucht:

zu hoher, später auszugleichender Steueraufwand gem. § 274 (2) HGB: ...	090	290	.... DM

Test zu den Abschnitten 6.4 und 6.5

Unten steht eine Reihe von Kurzdefinitionen zu den Begriffen, die Sie in den Abschnitten 6.4 und 6.5 kennengelernt haben. Tragen Sie den Begriff auf die Linie oberhalb der Definition ein.

Bilanzposten, der den Anspruch auf Leistungen, nicht auf Zahlungen, darstellt. Die Leistungen werden den Aufwand oder Ertrag in genau bestimmbaren zukünftigen Rechnungsperioden verändern und sind i.d.R. schon vollständig bezahlt.

Anspruch des Betriebes auf Zahlungen von Außenstehenden.

Anspruch von Außenstehenden an den Betrieb auf Zahlungen.

Zahlung, die nur einen Anspruch auf spätere Verrechnung, i.d.R. aber nicht auf Rückzahlung begründet.

Unterschiedsbetrag zwischen dem bei Kreditgewährung ausgezahlten und dem zurückzubezahlenden Betrag.

Bei der Bewertung fast aller bisher besprochenen Posten gab es zwar Unsicherheit, ob sie in dieser Höhe zutreffend angesetzt wurden, z.B. bei den Anlagen die Ungewißheit, wie lange sie genutzt werden könnten, bei den Forderungen, ob, in welcher Höhe und wann sie von den Schuldnern bezahlt werden würden. Nach der vorgenommenen Bewertung wurde die Unsicherheit aber in der jeweiligen Bilanzposition kaum noch deutlich. Das ist anders bei einem eigens zu diesem Zweck geschaffenen Bilanzposten, daß Unsicherheit im Gegensatz zu der — relativen — Sicherheit der anderen Positionen deutlich werde. Es handelt sich um die Rückstellungen.

6.6 Rückstellungen

Man kann sie in zwei große Gruppen unterteilen, in
- ungewisse Verpflichtungen und
- ungewisse Aufwendungen.

Gemeinsam ist beiden Gruppen die Unsicherheit hinsichtlich des anzusetzenden Betrages.

6.6.1 Ungewisse Verpflichtungen

Ungewisse Verbindlichkeiten können wegen noch ausstehender Rechnungen von Handwerkern, Anwälten, Beratern u.a. auftreten. Hier wäre die Ungewißheit durchaus zu beseitigen, was aber zusätzliche Arbeit erfordert, ohne daß wichtige neue Erkenntnisse aus dem pfenniggenauen Zusammentragen dieser Beträge gewonnen würden.

Bei der Berufsgenossenschaft, beim Pensions-Sicherungsverein und evtl. bei ähnlichen Kassen mit Umlageverfahren hängt der endgültige Betrag vom Jahresabschluß dieser Kasse ab. Berufsgenossenschaften erhalten z.B. im Laufe eines Jahres nur Vorauszahlungen und erst nach ihrem eigenen Jahresabschluß eine Schlußzahlung, also erst zur Mitte des nächsten Jahres.

Für solche Posten muß eine **Rückstellung für ungewisse Verbindlichkeiten** gebildet werden.

Eigene Pensionen an ausgeschiedene Mitarbeiter werden i.d.R. bis zu deren Lebensende gezahlt. Sie werden verursacht während der aktiven Zeit dieser Mitarbeiter, sollten also im Jahr der Verursachung als Aufwand gebucht werden. Weil dann noch nicht bekannt sein kann, ob überhaupt und ggf. wie lange sie später gezahlt werden müssen, werden die Beträge dafür als **Pensionsrückstellungen** und nicht als Verbindlichkeiten ausgewiesen.

Bis 1986 war es erlaubt, sie gar nicht auszuweisen. Ab 1987 müssen Pensionsrückstellungen aus Neuzusagen gebildet werden. Für solche aus Altzusagen bleibt es beim Wahlrecht.

Nicht jedes schon abgeschlossene, aber noch nicht abgewickelte Geschäft wird einen Gewinn erbringen. Hat z.B. ein Bauunternehmer oder eine Werft einen großen Auftrag für das kommende Jahr zum Festpreis hereingenommen, so muß geprüft werden, ob aus unerwarteten Lohn- oder Materialpreiserhöhungen Verluste entstehen werden. Es könnte sogar sein, daß der Auftrag von vornherein „unter Kosten“ kalkuliert wurde, um Personal und Maschinen auslasten zu können. In beiden Fällen muß eine **Rückstellung für drohende Verluste aus schwebenden Geschäften** gebildet werden (§ 249(1) HGB).

Das „Kleingedruckte“ auf der Rückseite der Formulare zur Auftragsbestätigung u.a. erweckt zwar fast immer den Anschein, als ob der Lieferant für fast keinen Fehler der gelieferten Ware hafte. Dennoch bleiben viele berechtigte und auch manche unberechtigte Reklamationen von Kunden, die im neuen Jahr zu beseitigen, viel Arbeit und Material erfordern wird. Verursacht wurden sie im abgelaufenen Jahr, weshalb sie ihm belastet werden müssen. Weil weder ihre Höhe noch die Namen der Kunden bekannt sind, die reklamieren werden, muß eine Rückstellung dafür gebildet werden.

In jedem dritten, fünften oder zehnten Jahr — je nach Betriebsgröße — soll der Betriebsprüfer des Finanzamts kommen, um die Ordnungsmäßigkeit der Buchführung und die Richtigkeit der in der Steuererklärung gemachten Angaben zu prüfen. Sogar dann, wenn er alles für ordnungsgemäß erklärt, bleibt eine Reihe von Fragen, auf die er eine andere Antwort geben wird als der Steuerberater. Die Folge: spätestens in drei, fünf oder zehn Jahren wird eine nicht unerhebliche Steuer-Nachforderung des Finanzamts kommen. Dafür ist eine **Steuerrückstellung** erforderlich.

In einigen — wenigen — Fällen erlaubt das Steuerrecht, daß der steuerpflichtige Gewinn geringer ausgewiesen wird als der handelsrechtliche Gewinn. Dann werden zunächst weniger Steuern gezahlt, als bei Ansatz des handelsrechtlichen Gewinns an sich fällig wären. Wird dadurch der Steueranspruch nur auf später verschoben, aber nicht endgültig verringert, so muß dafür schon heute eine Rückstellung gebildet werden, die Rückstellung für **latente** Steuern gem. § 274 (1) HGB.

Weitere, hier im einzelnen nicht zu erörternde Fälle ungewisser Verbindlichkeiten sind u.a.:
- Ansprüche der Mitarbeiter aus noch nicht genommenen Jahresurlaub,
- Ausgleichsansprüche der Handelsvertreter, deren Vertrag später nicht mehr erneuert wird,
- Ansprüche bald ausscheidender oder zu versetzender Mitarbeiter aus einem mit dem Betriebsrat noch auszuhandelnden Sozialplan,
- Ansprüche der Inhaber von Patenten, Gebrauchsmustern u.ä., weil ihre Rechte verletzt wurden (evtl. schon, ohne daß sie es bisher bemerkt haben),
- Ansprüche aus laufenden Prozessen, die u.U. verloren werden,
- Ansprüche aus Bürgschaften, die der Betrieb gegeben hat. Damit ist das

Risiko verbunden, daß der Gläubiger sich direkt an dem Bürgen, also dem Betrieb, schadlos hält, statt an demjenigen, für den gebürgt wurde.

6.6.2 Ungewisser Aufwand

Betriebe mit einer ausgeprägten Weihnachtssaison müssen u.U. in den letzten drei Monaten des Geschäftsjahres „rund um die Uhr" arbeiten. Autos und Maschinen werden dann ständig gebraucht und sind nicht für Wartungsarbeiten entbehrlich. Bei Regen, Frost und Schnee können Außenarbeiten nur notdürftig erledigt werden. Es bleiben also Arbeiten liegen, die bei normalen Intervallen für Wartung und Instandhaltung ausgeführt würden. Nachgeholt werden sie sobald wie möglich, i.d.R. also in den ersten Monaten des nächsten Jahres.

Wenn sich das nicht in jedem Jahr im gleichen Umfang wiederholt, ist es zweckmäßig, eine eigene **Rückstellung für unterlassene**, aber bald nachzuholende **Instandhaltung** zu bilden.

Laufende Instandhaltung bis hin zu „großen Inspektionen" kommt in jedem Jahr vor, z.T. mehrfach. Eine Generalüberholung bei großen Maschinen, bei Schiffen (Werftaufenthalt) ist evtl. nur in jedem dritten, vierten oder fünften Jahr erforderlich, kostet dann aber sehr viel. Das kann auch bei den besonders empfindlichen Teilen von Gebäuden vorkommen, z.B. bei Rolltreppen, Aufzügen, Klimaanlagen, Flachdächern, Isolierverglasungen u.ä. Für solche großen, nur in mehrjährigen Turnus vorkommenden Arbeiten darf eine **Rückstellung für Großreparatuen** u. ä. oder **Aufwandsrückstellung gem. § 249 HGB** gebildet werden.

Es können nicht alle denkbaren Fälle mit den dafür geltenden Regeln aufgezählt werden, in denen Rückstellungen gebildet werden dürfen, müssen oder sollten. Einen Überblick vermittelt die Abbildung 13; sie enthält ebenfalls die Konten, auf denen Rückstellungen üblicherweise gebucht werden.

Weil Rückstellungen eine ganze Reihe sehr unterschiedlicher Buchungen auslösen können, wird ihre Buchung in einem eigenen Abschnitt beschrieben.

6.6.3 Buchungssätze

Die Bildung einer Rückstellung oder ihre Erhöhung wirft keine besonderen Buchungsfragen auf. Sobald wahrscheinlich geworden ist, daß in späteren Rechnungsperioden eine Zahlung erforderlich sein wird, die durch einen Aufwand jetzt verursacht wurde und deren Höhe sich noch nicht genau beziffern läßt, wird eine Rückstellung durch die Buchung

„(normales) Aufwandskonto an Rückstellungskonto"

vorgenommen.

Eine erste Übersicht erhält man, wenn man von vornherein für die verschiedenen Arten von Rückstellungen getrennte Konten vorsieht, z.B.

– ungewisse Verbindlichkeiten, getrennt nach:
  · 085 Pensionsrückstellungen
  · 082 Rückstellungen für ungewisse Steuerverpflichtungen
  · 083 Rückstellungen für latente Steuern
  · 088 Rückstellung Gewährleistung ohne rechtliche Verpflichtung
  · 089 Rückstellungen für sonstige ungewisse Verbindlichkeiten
– ungewisser Aufwand
  · 084 Rückstellung für Großreparaturen („Aufwandsrückstellung")
– im Berichtsjahr unterlassene Instandhaltung, die im folgenden Jahr nachgeholt wird
  · 086 in den ersten drei Monaten
  · 087 im vierten bis einschl. zwölften Monat

Alle z. Z. (1987) geltenden Regelungen nennt Abb. 13.

— — — Posten lt. HGB — — —	Regeln dazu:	a) Fundstelle b) Pflicht/Recht/Verbot		a) Position in Bilanz b) Konto-Nr. im GKR
	lt. HGB	lt. AktG 65	lt. Steuerrecht	
B. Rückstellungen				
1. Rückstellungen für Pensionen und ähnliche Verpflichtungen[1]	a) § 249 (1)	a) BGH II ZR 252/59	a) §6a EStG	a) B.1
	b) Pflicht	b) Wahlr.	b) Wahlr.	b) 085
2. Steuerrückstellungen				
a) wirtschaftl. oder rechtl. schon entstandene, aber noch nicht rechtskräftig veranlagte Steuern außer Betriebsprüfungsrisiko	a) § 249 (1)	a) §152 (7) Satz 1	a) aus HGB	a) B.2.a
	b) Pflicht	b) Pflicht	b) Pflicht	b) 082
b) Betriebsprüfungsrisiko		a) ADS zu §152 Tz. 120	a) BFH 13.1. 1966	b) B.2.a
		b) Pflicht	b) Verbot	b) 082
c) latente Steuern (steuerl. Gewinn niedriger als handelsrechtl., Ausgleich in späteren Jahren)	a) § 274 (1)	a) §152 (7)		a) B.2.b
	b) Pflicht	b) Pflicht		b) 083
3. sonstige Rückstellungen	a) § 249 (1) Satz 2, Nr. 1	a) §152 (7) Satz 2, Nr. 1		a) B.3.a
a) unterlassene Instandhaltung				
aa) Nachholung 1.-3. Monat	b) Pflicht	b) Wahlrecht	b) Wahlrecht	b) 086
ab) Nachholung 4.-12. Monat	a) § 249 (3)	a) §152 (7) Satz 1, Nr.1	a) EStR 31 a(6)	a) B.3.a
	b) Wahl	b) Wahl	b) Verbot	b) 087
b) Gewährleistung ohne rechtliche Verpflichtung	a) § 249 (1) Satz 2, Nr.2	a) §152 (7) Satz 2, Nr. 2		a) B.3.b
	b) Pflicht	b) Wahl	b) Wahl	b) 088
c) „Aufwandrückstellung" „Großreparatur"	a) § 249 (2)	a) §152 (7) Satz 3		
	b) Wahl	b) Verbot	b) Verbot	b) 084
d) andere Rückstellungen	a) § 249 (1) Satz 1	a) §152 (7) Satz 1	a) aus HGB	a) B.3.e
da) ungewisse Verbindlichkeiten außer Steuern gem. Pos. 2	b) Pflicht	b) Pflicht	b) Pflicht	b) 089
db) drohende Verluste aus schwebenden Geschäften	a) § 249 (1) Satz 1	a) §152 (7) Satz 1	a) aus HGB	a) B.3.e
	b) Pflicht	b) Pflicht	b) Pflicht	b) 089

1) Für „Altzusagen" (vor 1. 1. 1987) besteht das frühere Wahlrecht weiter.

Abb. 13: Die Regeln für Rückstellungen nach Handels- und Steuerrecht (Stand: 1987)

Einige Beispiele mögen das Gesagte ergänzen.

		Konto-Nr. Soll	Haben	Betrag DM
a)	Prokurist Heinrich Genau erhält zum 25jährigen Dienstjubiläum endlich die Pensionszusage; vom 65. Lebensjahr an soll er einen jährlichen „Ehrensold“ von 300,– DM erhalten, wie sich der Alleininhaber ausdrückt. Gem. § 6a EStG ist eine Rückstellung von 5000,– DM zulässig. Sie wird gebildet	441	085	5 000,–
b)	Der Körperschaftssteuerbescheid wird wahrscheinlich so ausfallen, daß mit einer Abschlußzahlung von 50 000 DM zu rechnen ist. Entsprechend werden Gewerbeertrags- und -kapitalsteuer mit 10 000 DM nachzuzahlen sein	290	082	60 000,–
c)	Die Betriebsprüfung endet erfahrungsgemäß mit 50 000 DM Nachzahlungen (Körperschafts- und Gewerbesteuer); also mit rd. 10 000 DM für ein Jahr	290	082	10 000,–
d)	Von Oktober bis Dezember wurden keinerlei größere Instandhaltungsarbeiten durchgeführt, weil der Betrieb in zwei vollen Schichten plus Überstunden lief. Das wird im Januar und Februar nachgeholt und Kosten von rd. 20 000 DM verursachen	470	086	20 000,–
e)	Die im neuen Kaufhaus eingebauten Rolltreppen erfordern im Abstand von 3 Jahren eine Generalüberholung für rd. 60 000 DM. Sie halten dann wahrscheinlich 12 Jahre. Für das Jahr 1988 wird deshalb eine Rückstellung gebildet	470	084	20 000,–
f)	Alle Mitarbeiter, die am 1.7.1988 noch in ungekündigter Stellung sind, erhalten eine „Tantieme“, entsprechend der Dividende, von 20% eines Monatsgehalts. Das wird rd. 100 000 DM erfordern	441	089	100 000,–

Sobald erkennbar wird, daß gezahlt werden muß für einen Fall, der bereits durch eine Rückstellung berücksichtigt wurde, wird zu Lasten des Rückstellungskontos gebucht, z.B.:

g) Es geht eine Handwerkerrechnung ein für die Instandhaltungsarbeiten, die lt. Fall d) hinausgeschoben wurden, Betrag 10 000 DM + 10% MWSt. 086 160 10 000

Weil Rückstellungen für diejenigen Fälle gebildet wurden, bei denen zunächst noch nicht bekannt war, ob sie überhaupt zu Zahlungen führen werden und wenn, dann in welcher Höhe, wird der zurückgestellte Betrag fast immer zu hoch sein. Sobald ein bisher unklarer Fall abgewickelt wurde, müssen deshalb die noch verbleibenden Reste der Rückstellung aufgelöst werden, z.B.:

h) Im Juni des nächsten Jahres werden die Tantiemen an die Mitarbeiter ausgeschüttet, die lt. f) zurückgestellt wurden. Weil inzwischen einige Mitarbeiter auf eigenen Wunsch hin ausgeschieden sind und deshalb ihren Anspruch verloren haben, werden statt 100 000 DM nur 98 500 DM ausgeschüttet 089 113 98 500
Der Rest wird aufgelöst. Es erscheint auf dem eigens dafür vorgesehenen Konto 228-Erträge aus Rückstellungsauflösung ein periodenfremder Ertrag 089 228 1 500

Ist, entgegen dem Vorsichtsprinzip, eine Rückstellung zu niedrig und wird das erst in einem späteren Jahr erkannt, so muß dieses Jahr zwar den Aufwand tragen, aber deutlich erkennbar als periodenfremder Aufwand, wofür das Konto 222 periodenfremder Aufwand vorgesehen ist. Z.B.:

i) Im Jahr 1988 wird die Rolltreppe generalüberholt, wofür lt. e) in den Jahren 1985, 1986 und 1987 eine Rückstellung gebildet wurde. Die Rechnung lautet jedoch über 70 000 DM + 10% MWSt. Zunächst wird diese Rechnung zu Lasten des Rückstellungskontos gebucht 084 160 70 000
10% MWSt. 155 160 7 000
Das Konto 084 wurde mit 10 000 DM mehr belastet, als auf ihm vorhanden waren. Dieser Betrag ist ein periodenfremder Aufwand 222 084 10 000

Test zum Abschnitt 6.6

Unten steht eine Reihe von Kurzdefinitionen zu den Begriffen, die Sie im Abschnitt 6.6 kenngelernt haben. Tragen Sie den Begriff auf die Linie oberhalb der Definition ein.

Anspruch Außenstehender an den Betrieb auf Zahlung. Der Betrag ist noch nicht genau feststellbar.

Bilanzposten für die Ansprüche ausgeschiedener oder noch ausscheidender Mitarbeiter auf eine vom Betrieb zu zahlende Rente.

Negative Differenz zwischen dem Ertrag, den der Betrieb aus einem abgeschlossenen, aber noch nicht voll abgewickelten Vertrag haben wird und dem wahrscheinlichen Aufwand, der dafür erforderlich sein wird.

Wartungsarbeiten und kleinere Reparaturen, die schon hätten ausgeführt werden müssen, aber noch nicht ausgeführt wurden.

Arbeiten an einem Gegenstand des Anlagevermögens, die i.d.R. nur in mehr jährigem Abstand ausgeführt werden und zu seiner weiteren Betriebsfähigkeit oder Wirtschaftlichkeit notwendig sind.

Bilanzposten für Ansprüche Außenstehender an den Betrieb, die sich noch nicht genau beziffern lassen sowie für schon verursachte, aber erst später auszuführende Wartungsarbeiten und Reparaturen.

Erteilte Zusage, die Verbindlichkeiten eines anderen selbst zu übernehmen, falls dieser nicht zahlen kann.

Übungsaufgabe zu den Abschnitten 6.4 bis 6.6

Formulieren Sie zu den folgenden Vorgängen die Buchungssätze, tragen Sie diese in das Journal ein. Falls zu dem Vorgang eine Rückstellung gebildet werden darf, notieren Sie dazu „W“. Maßgebend ist dabei das HGB mit den Regeln für große prüfungspflichtige Unternehmen.

1. Fritz Tipper hat in der Weihnachtssaison 2001 viel verkauft, u.a. 150 Heimcomputer „Abagaus“ zu je 99,95 DM einschl. einem Kassetten-Laufwerk. Gleich nach Weihnachten häufen sich die Beschwerden der Käufer: Das Kassetten-Laufwerk versagt nach einigen Tagen Benutzung. Tipper schätzt, daß er mindestens 30 „Abagaus“ zurücknehmen muß. Weil sein Lieferant inzwischen in Konkurs gegangen ist, wird Tipper rd. 2000,– DM für Ersatzcomputer anlegen müssen, die er den reklamierenden Käufern als Ersatz gibt.
2. Der gute Erfolg vor Weihnachten 2001 ermuntert Tipper zu einer größeren Bestellung bei der „Mandarin-Import-Agentur“: 200 weitere „Abagaus“ für zusammen 15 000,– DM minus 20% Sonderrabatt minus 5% Skonto bei Vorauszahlung von 5000,– DM durch Bankgiro.
3. Einigen kurz vor dem Examen stehenden Kommilitonen vermietet Tipper etwas größere Heimcomputer für 50,– DM je Monat. Sie haben zusammen schon 2000,– DM Miete gezahlt, wovon lt. Abrechnung am 31. 12. 2001 noch 1500,– DM für 1986 bestimmt sind.
4. Für seinen Verkaufsstand im Vorraum der Mensa mußte Tipper schon im November der Universitätskasse 250,– DM überweisen, je 50,– DM für die Monate Oktober 2001 bis Februar 2002. Er hat damals diese 250,– DM als „Sonstige Grundkosten“ verbucht, will aber das Jahr 2001 und 2002 buchmäßig genau unterscheiden.
5. Am 30. Juni 2002 atmet Tipper auf: Die Garantiefrist für die schlechten Kassettenlaufwerke des „Abagaus“ lt. 1 ist abgelaufen. Er hat insgesamt nur 25 Geräte austauschen müssen, was bisher 1650,– DM gekostet hat. Diese Summe ist schon gebucht. Weitere Forderungen kann und wird Tipper ablehnen.
6. Die 200 „Abagaus“ lt. 2. gehen ein. Die Rechnung lautet über 12 000,– DM + 10% MWSt, zahlbar, soweit noch nicht erfolgt, in 10 Tagen mit 5% Skonto. Tipper zahlt am 10. Tag durch Postgiro.
7. Die lt. 3 vermieteten Heimcomputer werden nach Ablauf der Mietzeit zurückgegeben. Ein Mieter gibt allerdings schon früher zurück, weil er das Studium aufgibt. Tipper zahlt ihm „ohne Anerkennung einer Rechtspflicht“ aus Kulanz 100,– DM bar zurück. Buchen Sie für das Jahr 2002.

JOURNAL ZU ÜBUNGSAUFGABE 6.4 – 6.6

Hinweise zum Geschäftsvorfall:	„W" ?	Buch.– Nr.:	Konto-Nummer Soll:	Haben:	Betrag DM
Wahrscheinliche Verpflichtung zur Ersatzlieferung		1			
Überweisung an Mandarin für spätere Lieferung		2			
1500,– DM schon gebuchter Umsatz sind Mietvorausz.		3			
Von 250,– DM gezahlter Miete sind 100,– DM für Jan./Feb.		4			
Keine Verpflichtungen lt. 1 mehr, Frist abgelaufen		5			
Eingang 200 Abagaus lt. 2		6a			
10% MWSt darauf		6b			
Überweisung Rechnungsbetrag ./. 5% Skonto, Postgiro		6c			
5% Skonto auf den vollen Rechnungsbetrag lt. 6a		6d			
Rückbuchung MWSt wegen 5% Skonto		6e			
Ablauf Mietzeit Heimcomp. lt. 3		7a			
Rückzahlung 100,– DM lt. 3		7b			

DRITTER TEIL: ERGÄNZUNG UND AUSBLICK

7 Organisation und Technik der Buchhaltung

7.1. Nebenbuchhaltung

Für jeden Arbeitnehmer muß der Betrieb am Ende des Jahres oder beim Ausscheiden des Arbeitnehmers vor Jahresende auf der Lohnsteuerkarte

- die Summe des abgerechneten Lohns/Gehalts mit Nebenbezügen
- die Summe der einbehaltenen Lohnsteuer, und
- die Summe der einbehaltenen Kirchensteuer, mit Angabe der Religionsgemeinschaft.

bescheinigen.

Entsprechende Bestätigungen sind für die Summe der einbehaltenen Sozialversicherungsbeiträge auszustellen. Finanzamt und evtl. Sozialversicherungen überprüfen u.U. im Betrieb, ob alle Abzüge richtig berechnet und an sie abgeführt wurden.

Kunden bezahlen i.d.R. nicht jede offenstehende Rechnung einzeln, sondern fassen mehrere Rechnungen, nach Abzug von Skonto und evtl. Rückgabe von Ware zu einer Zahlung zusammen. Vielleicht zahlen sie auch nur vorläufig mit einer runden Summe (**a-Konto-Zahlung**). Bei größeren Aufträgen leisten sie evtl. eine Anzahlung. Es kann auch vorkommen, daß Kunden zugleich Lieferanten sind, z.B. eine Tankstelle, die in einer Autozubehör-Großhandlung regemäßig kauft, im „Gegengeschäft" aber für alle Fahrzeuge der Großhandlung den Treibstoff liefert, sie wäscht und kleinere Reparaturen ausführt.

Sobald ein Betrieb mehrere Arbeitnehmer ständig beschäftigt oder mehrere Kunden ständig beliefert, die nicht sofort in bar bezahlen, wird es schwierig, aus dem Konto 430-Löhne und Gehälter oder 140-Forderungen (L+L) die Zusammenhänge genügend schnell zu erkennen. Deshalb wird i.d.R. für jeden ständig beschäftigten Arbeitnehmer, für jeden ständig belieferten Kunden und für jeden ständig liefernden Lieferanten ein eigenes Unterkonto eingerichtet. Das ist ein **Personenkonto**; die Bestands- und Erfolgskonten bezeichnet man zum Unterschied dazu als **Sachkonten**.

Für diejenigen Arbeitnehmer, Kunden oder Lieferanten, die nicht ständig vorkommen, richtet man jeweils ein **Sammelkonto** ein, z.B. „Sammelkonto Aushilfskräfte", „Sammelkonto Kunden" und „Sammelkonto Lieferanten".

Diese Personenkonten sind Unterkonten zu den jeweiligen Sachkonten 430-Löhne und Gehälter, 140-Forderungen (L+L) und 160-Verbindlichkeiten (L+L) mit entsprechenden Möglichkeiten der Kontrolle und der Abstimmung. Man wird z.B. einmal im Monat die Salden aller Kundenkonten ermitteln. Der Saldo aller dieser Salden muß dann dem Saldo des Kontos 140-Forderungen (L+L) entsprechen. Die Summe aller abgerechneten Löhne und Gehälter auf den Lohn-/Gehaltskonto aller Arbeitnehmer muß dem Saldo auf dem Konto 430-Löhne und Gehälter entsprechen.

Es ist zweckmäßig, die Buchungen auf den einzelnen Unterkonten zusätzlich in einem eigenen Journal festzuhalten und am Ende eines Tages – im Kleinbetrieb eines Monats – die Summe aller Soll- und die Summe aller Habenbuchungen auf den Unterkonten mit einer einzigen Buchung auf das Sachkonto zu übertragen. Dazu einige – stark vereinfachte – Beispiele:

Max Fleißig hat den Kreis seiner Lieferanten inzwischen erweitert. Außer vom Buchklub bezieht er noch von den Häusern

– „Remittenden-Grosso" (Remgros) Restauflagen und Remittenden-Exemplare (dem Verlag zurückgegebene, leicht lädierte Stücke)
– „Globebook" (Globo) preiswerte ausländische Literatur.

Er vereinbart mit allen drei Lieferanten die folgenden Zahlungsbedingungen:

– Bankeinzug 20% vom Rechnungsbetrag, 3 Tage nach Lieferung,
– Bei Barzahlung des Restbetrages am 15. des Folgemonats 5% Skonto auf die volle Rechnungssumme, oder
– Dreimonatsakzept für den Restbetrag, für Fleißig spesenfrei.

Vom Buchklub bezieht er am 10. 1. für 500,– DM, am 10. 02. für 600,– DM, am 15. 2. für 1000,– DM, von Remgros am 10. 1. für 700,– DM, am 10. 1. für 800,– DM, von Globo am 10. 1. für 900,– DM, am 15. 2. für 400,– DM. Am 15. 2. kann er keine ausstehende Rechnung begleichen, weil seine Geschäfte wegen der Karnevalszeit schlecht gehen. Am 15. 3. bezahlt er dagegen alles durch Postgiro mit 5% Skonto. Seine drei Lieferantenkonten und das zugehörige Journal sehen dann so aus wie in Abb. 14a.

Das Kreditoren-Journal wird zweckmäßig mit zwei Betragsspalten geführt, damit man jederzeit durch einfaches Aufaddieren der Spalten den Saldo aller Kreditorenkonten ermitteln kann. Dieser wäre z.B. für den Monat Januar 1680,– DM. Die Kontrolle auf den Lieferanten-Kontokorrentkonten 16 001 bis 16 003 ergibt (für die Buch.-Nr. 1–6) 400,– + 560,– + 720,– = 1680,– DM. Bis Ende Februar sind die Zahlen (Buch-Nr. 1–13) 960,– DM (Saldo lt. Kreditoren-Journal) und 0,– + 640,– + 320,– = 960,– DM. Bis Ende März sind alle Konten ausgeglichen.

Kreditoren-Journal und Kreditoren-Konten werden zusätzlich zum Sachkonten-Journal und den Sachkonten geführt. Auf den Sachkonten ist es jedoch nicht erforderlich, jeden einzelnen Vorfall gesondert zu buchen. Es genügt i.d.R., alle Rechnungen eines Tages, einer Woche oder evtl. auch eines ganzen Monats in einer einzigen Buchung zusammenzufassen, wie es z.B für die Buch.-Nr. 1–3 auf den Konten 160 und 390 geschehen ist (vgl. Abb. 14b). Auch die weiteren Vorgänge sind dort jeweils monatsweise, getrennt nach Gegenkonten, zusammengefaßt, z.B. der Bankeinzug (Buch.-Nr. 4–6) auf den Konten 160 und 113, die Akzepten (Buch.-Nr. 10–11) auf den Konten

KREDITOREN-JOURNAL

Hinweise zum Geschäftsvorfall:	Buch.-Nr.:	Konto-Nummer Soll:	Haben:	SOLL DM	HABEN DM
Rechnung Buchklub 10.01.	1	390	16001		500,–
Rechnung Remgros 10.01	2	390	16002		700,–
Rechnung Globo 10.01.	3	390	16003		900,–
Bankeinzug Buchklub 13.01.	4	16001	113	100,–	
Bankeinzug Remgros 13.01.	5	16002	113	140,–	
Bankeinzug Globo 13.01.	6	16003	113	180,–	
Rechnung Remgros 10.02.	7	390	16002		800,–
Bankeinzug Remgros 13.02.	8	16002	113	160,–	
Rechnung Globo 15.02.	9	390	16003		400,–
Akzept an Buchklub 15.02.	10	16001	180	400,–	
Akzept an Remgros 15.02.	11	16002	180	560,–	
Akzept an Globo 15.02.	12	16003	180	720,–	
Bankeinzug Globo 18.02.	13	16003	113	80,–	
Postgiro Remgros 15.03.	14	16002	110	600,–	
Skonto Remgros 15.03	15	16002	247	40,–	
Postgiro Globo 15.03.	16	16003	110	300,–	
Skonto Globo 16.03.	17	16003	247	20,–	

Kreditoren-Konten

16001-Buchklub

4)	113	100,–	1)	390	500,–
10)	180	400,–			

16003-Globo

6)	113	180,–	3)	390	900,–
12)	180	720,–	9)	390	400,–
13)	113	80,–			
16)	110	300,–			
17)	247	20,–			

16002-Remgros

5)	113	140,–	2)	390	700,–
8)	113	160,–	7)	390	800,–
11)	180	560,–			
14)	110	600,–			
15)	247	40,–			

Abb. 14a: Kreditoren-Journal und Kreditoren -Konten

SACHKONTEN-JOURNAL

Hinweise zum Geschäftsvorfall:	Buch.– Nr.:	Konto-Nummer Soll:	Haben:	Betrag DM
Eingangsrechnungen 10.01.	1 – 3	390	160	2100,–
Bankeinzug Lieferanten 13.01.	4 – 6	160	113	420,–
Eingangsrechnungen 10.–15.02.	7, 9	390	160	1200,–
Bankeinzug Lief. 13.–18.02.	8, 13	160	113	240,–
Akzepte Lief., 15.02.	10–12	160	180	1680,–
Postgiro Lief., 15.03.	14, 16	160	110	900,–
Skonto Lief., 15.03.	15, 17	160	247	60,–

SACHKONTEN

110-Postgirokonto

	14,16) 160 900,–

180-Schuldwechsel

	10-12) 160 1680,–

113-Bankgirokonto

	4-6) 160 420,–
	9) 160 160,–
	13) 160 80,–

247-Skontoertrag

	15,17) 160 60,–

160-Verbindlichkeiten (L + L)

4-6) 113 420,–	1-3) 390 2100,–
8,13) 113 240,–	7,9) 390 1200,–
10-12) 180 900,–	
15,17) 247 60,–	

390-Handelsware

1–3) 160 2100,–	
7-8) 160 1200,–	

Abb. 14b): Sachkonten-Journal und Sachkonten zu Abb. 14a)

160 und 180 oder das Ziehen von Skonto (Buch.-Nr. 15, 17) auf den Konten 160 und 247.

Alle drei Journale können u.U. auf einem einzigen Blatt zusammengefaßt werden. Jedes erhält dann eine eigene Kolonne. Abb. 18 in Abschnitt 7.3 zeigt ein Beispiel.

7.2 Rechtsformabhängige Buchungen

Zur Einteilung und zum Inhalt derjenigen Bilanzposten, die das Eigenkapital darstellen, gibt es vergleichsweise weit gehende Vorschriften für die Kapitalgesellschaften. Für Einzelunternehmen und Personengesellschaften genügt dagegen u. U. der Ausweis eines einzigen Bilanzpostens.

7.2.1 Einzelunternehmen und Personengesellschaften

Wenn für die Bilanz nur ein einziger Posten „Einlagen und gezeichnetes Kapital" erforderlich ist, wird es dennoch zweckmäßig bleiben, in der Finanzbuchhaltung mehr als ein Konto zu führen. In der Einzelunternehmung wird man zumindest ein Kapitalkonto und ein sogenanntes **„Privatkonto"** für den Inhaber finden, wobei auf dem Privatkonto alle Bewegungen im Laufe des Jahres, auf dem Kapitalkonto am Ende des Jahres der Saldo des Privatkontos und der Gewinn (bzw. Verlust) gebucht werden.

Das Privatkonto nimmt zunächst die Entnahmen von Bargeld und Waren für den Inhaber auf, ebenso evtl. Überweisungen auf sein persönliches Bank- oder Postgirokonto. Es kann ferner sein, daß der Inhaber private Rechnungen o.ä. durch den Betrieb bezahlen läßt. I.d.R. wird er auch seine Einkommen- und Kirchensteuer, soweit sie auf sein Einkommen aus dem Betrieb entfallen, vom Betrieb an das Finanzamt überweisen lassen.

Leistet er im Laufe des Jahres eine Einlage, so wird sie seinem Privatkonto gutgeschrieben.

Entsprechend verfährt ein Betrieb mit mehreren Gesellschaftern: Es wird i.d.R. für jeden von ihnen ein Kapital- und ein Privatkonto geführt. Die Kapitalkonten erhalten dann die Kontonummern 070, 071, 072 usf., die Privatkonten die Kontonummern 190, 191, 192 usf.

Beim Jahresabschluß wird zunächst der Saldo des Privatkontos ermittelt und auf das Kapitalkonto des jeweiligen Gesellschafters überführt. Danach wird der Gewinn (bzw. Verlust) auf dem G + V-Konto ermittelt. Für dessen Verbuchung gibt es zwei Möglichkeiten:

- Direkte Umbuchung auf das Kapitalkonto
- Umbuchung auf das Schlußbilanzkonto, wo das Ergebnis dann als „Jahresüberschuß" bzw. „-fehlbetrag" erscheint.

Einzelunternehmen und Personengesellschaften buchen i.d.R. sofort auf das Kapitalkonto um, wobei für Gesellschaften zunächst ein etwas ausführlicher Buchungsbeleg — zur Aufteilung des Gewinns entsprechend dem Gesellschaftsvertrag — erstellt werden muß. Das folgende Beispiel erläutert den Buchungsgang:

Max Fleißig möge sich mit seinem Freunde Fritz Tipper zur „Fleißig & Tipper oHG" zusammengeschlossen haben. Ihr Gesellschaftsvertrag sieht vor, daß Fleißig monatlich 1000,— DM für seine Tätigkeit als geschäftsführender Gesellschafter entnehmen darf, Tipper dagegen nur 900,— DM. Außerdem bezahlt der Betrieb die vierteljährlich vom Finanzamt geforderten Einkommensteuer-Vorauszahlungen in Höhe von jeweils 500,— DM (Fleißig) bzw. 400,— DM (Tipper). Jeder Gesellschafter ist ferner berechtigt, bis zu 800,— DM monatlich zusätzlich zu entnehmen, wofür er aber mit Zwischenzinsen von 12% pro Jahr belastet wird. Der am Jahresende sich ergebende Gewinn soll zunächst als Entschädiung für die Tätigkeit (Fleißig 12 mal 1000,— DM, Tipper 12 mal 900,— DM) verrechnet werden. Was danach noch bleibt, wird nach Köpfen verteilt.

Fleißig hat vertragsgemäß 12 × 1000,— DM entnommen, zusätzlich zu Beginn seines Urlaubs am 1. 7. 800,— DM, am 1. 12. nochmals 800,— DM. Tipper hat nur 12 mal 900,— DM entnommen. Beide haben die ESt-Vorauszahlungen ausführen lassen. Auf den Privatkonten ergeben sich dann die Buchungen 1a bis 19b lt. Abb. 15. Wenn keine weiteren, diese Konten betreffenden Vorgänge mehr zu buchen sind, werden die beiden Konten auf die entsprechenden Kapitalkonten (070 für Fleißig, 071 für Tipper) abgeschlossen.

Die beiden Gesellschafter haben jetzt Anspruch auf ihren Anteil am Gewinn des Jahres. Er ergibt sich als Saldo der Konten 989-Gewinn- und Verlustkonto. Wenn auf ihm die Salden aller Aufwandskonten mit z.B. 70 000,— DM belastet und die Salden aller Ertragskonten mit 100 000,— DM gutgeschrieben wurden, bleibt ein zu verteilender Gewinn von 30 000,— DM. Vor seiner Teilung ist noch zu berücksichtigen, daß Fleißig 12 000,— DM, Tipper 10 800,— DM für die Tätigkeit als geschäftsführende Gesellschafter erhalten sollen und daß Fleißig für seine zusätzlichen Entnahmen 12% p.a. belastet werden. Dafür sind keine eigene Buchungen erforderlich. Es genügt ein etwas ausführlicherer Buchungsbeleg, der etwa so aussehen könnte:

a)	Gewinn lt. G+V-Konto		30.000,– DM
	Zinsen für Entnahmen Fleißig: 12% p.a. für		
	800 DM ab 1.7., 800 DM ab 1.12.		56,– DM
	Summe		30.056,– DM
b)	Vor Verteilung nach Köpfen abzuziehen:		
	Fleißig	12.000,– DM	
	Tipper.	10.800,– DM	22.800,– DM
	bleibt zur Verteilung nach Köpfen		7.256,– DM

c) Verteilung:	Fleißig	Tipper
für Geschäftsführung	12.000,–	10.800,–
Kopfquote	3.628,–	3.628,–
Zinsen.	./. 56,–	– – –
	15.572,–	14.428,–

d) Buchungssätze:

Gewinnanteil Fleißig:	989/070	15.572,–
Gewinnanteil Tipper:	989/071	14.428,–.

JOURNAL

Hinweise zum Geschäftsvorfall:	Buch-Nr.:	Konto-Nummer Soll:	Haben:	Betrag DM
Privatentnahme Fl., bar 02.01.	1a	190	100	1000,–
Privatentnahme Ti., bar 02.01.	1b	191	100	900,–
Privatentnahme Fl., bar, 01.02.	2a	190	100	1000,–
Privatentnahme Ti., bar, 01.02.	2b	191	100	900,–
Privatentnahme Fl., bar, 01.03.	3a	190	100	1000,–
Privatentnahme Ti., bar, 01.03	3b	191	100	900,–
ESt + KiSt Fl., Bankgiro, 10.03.	4a	190	113	500,–
ESt + KiSt Ti., Bankgiro, 10.03.	4b	191	113	400,–
(entsprechende Buchungen gibt				
es für alle vier Quartale)				
Urlaubsentn. Fl., bar, 05.07.	8	190	100	800,–
Weihnachtsent. Fl., bar, 05.12.	17	190	100	800,–
Abschluß Privatkonto Fl., 31.12.	19a	070	190	15600,–
Abschluß Privatkonto Ti., 31.12.	19b	071	191	12400,–
Gewinnanteil Fl., 31.12.	20a	989	070	15572,–
Gewinnanteil Ti., 31.12.	20b	989	071	14428,–
Abschluß Kapital Fl., 31.12.	21a	070	999	972,–
Abschluß Kapital Ti., 31.12.	21b	071	999	3028,–

070-Kapitalkonto Fleißig

19a)	190	15600,–	AB	998	1000,–
21a)	999	972,–	20a)	989	15572,–
		16572,–			16572,–

190 Privatkonto Fleißig

1a)	100	1000,–	19a)	070	15600,–
2a)	100	1000,–			
3a)	100	1000,–			
4a)	113	500,–			
...					
...					
8)	100	800,–			
...					
...					
17)	100	800,–			
...		15600,–			15600,–

071-Kapitalkonto Tipper

19b)	191	12400,–	AB	998	1000,–
21b)	999	3028,–	20b)	989	14428,–
		15428,–			15428,–

191-Privatkonto Tipper

1b)	100	900,–	19b)	071	12400,–
2b)	100	900,–			
3b)	100	900,–			
4b)	113	400,–			
...					
...					
		12400,–			12400,–

Abb. 15: Rechtsformabhängige Buchungen: offene Handelsgesellschaft

Nach Ausführung dieser Buchungen ergibt sich auf dem Kapitalkonto Fleißigs ein Schlußbestand von nur 972,— DM, auf dem Kapitalkonto Tipper dagegen ein Bestand von 3028,— DM. Der Gesellschaftvertrag wird i.d.R. eine Bestimmung darüber enthalten, wie die sich mit der Zeit unterschiedlich entwickelnden Anteile am Eigenkapital bei der Gewinnverteilung zu berücksichtigen sind, z.B. auch durch eine entsprechende Zinsgutschrift bei der Gewinnverteilung. Da die Anfangsbestände in unserem Beispiel für beide Gesellschafter gleich hoch waren, ergibt sich für unser Beispiel keine Notwendigkeit, diese Bestände zu berücksichtigen. Bei Unterschieden würden die Zinsen für die Eigenkapitalanteile unter a) zunächst abgezogen, unter c) dem betreffenden Gesellschafter zugerechnet werden.

Die Verrechnung von Zinsen für die Gesellschafterkonten ist einfacher, wenn sie nur bei der Gewinnverteilungsrechnung vorgenommen, nicht aber als „Zinsaufwand" bzw. „-ertrag" gebucht wird. Letzteres würde auch den Rechtsverhältnissen in der Personengesellschaft widersprechen: Sowohl Zinsen als auch Entgelte für die Mitarbeit im Betrieb sind für die vollhaftenden Gesellschafter Teile ihres Gewinnanteils, für den Betrieb aber nicht Aufwand bzw. Ertrag.

Die Regelungen für die nicht persönlich haftenden Gesellschafter der Personengesellschaft (z.B. Kommanditisten) entsprechen im wesentlichen denen für die Anteilseigner einer Kapitalgesellschaft.

7.2.2 Kapitalgesellschaften

Bei Kapitalgesellschaften wird das gezeichnete Kapitel im Abschluß und entsprechend auch in der Buchhaltung deutlich getrennt von weiteren Teilen des Kapitals. „**Gezeichnetes Kapital** ist das Kapital, auf das die Haftung der Gesellschafter oder Mitglieder für die Verbindlichkeiten der Unternehmung gegenüber den Gläubigern beschränkt ist, soweit die Gesellschafter oder Mitglieder sich zu dessen Aufbringung verpflichtet haben." (§ 272, Abs. 1 HGB). Für die Aktiengesellschaft entspricht das gezeichnete Kapital dem Grundkapital, für die GmbH dem Stammkapital, für die Genossenschaft dem Geschäftsguthaben.

Drei weitere Teile des Eigenkapitals werden im Abschluß von Kapitalgesellschaften ausgewiesen: (§ 272 HGB):

- **Kapitalrücklagen** (Aufgeld, das bei der Ausgabe von Anteilen u.ä. über den Nominalbetrag hinaus für den Erwerb an die Gesellschaft entrichtet wurde,
- **Gewinnrücklagen** (nicht an die Anteilseigner ausgeschüttete Teile des Gewinns),
- **Bilanzgewinn** bzw. -verlust (vgl. dazu die Erläuterungen unten).

Die Gewinnrücklagen werden unterteilt in

- gesetzliche Rücklagen,
- satzungsmäßige Rücklagen, und
- andere (freie) Rücklagen.

Evtl. gibt es noch als weiteren Rücklageposten die

- Rücklage für eigene Anteile,

wenn auf der Aktivseite eigene Anteile ausgewiesen werden. Auf der Aktivseite ist evtl. noch der Posten „Ausstehende Einlagen auf das gezeichnete Kapital" zu nennen (§ 272 (1) HGB).

Der Posten „Bilanzgewinn" bzw. „-verlust" ist der Saldo aus zwei verschiedenen Teilen:

- Jahresüberschuß bzw. -fehlbetrag,
- **Gewinnvortrag,** also Gewinnteile aus früheren Jahren, zu denen noch nicht entschieden wurde, ob sie ausgeschüttet oder in die Gewinnrücklage eingestellt werden sollen. I.d.R. handelt es sich nur um Spitzenbeträge nach Ausschüttung eines runden Dividendensatzes. Falls im Vorjahr ein Verlust entstanden ist, der nicht durch Entnahme aus den Rücklagen buchungsmäßig ausgeglichen wurde, steht anstelle des Gewinnvortrages ein Verlustvortrag.

Für den Ausweis und die Buchung dieser drei Posten gibt es zwei verschiedene Möglichkeiten:

a) Der Weg vom Jahresüberschuß bzw. -fehlbetrag zum Bilanzgewinn/-verlust kann schon in der Gewinn- und Verlustrechnung dargestellt werden. In der Bilanz steht dann nur noch der eine Posten „Bilanzgewinn" bzw. „-verlust".

b) Die Gewinn- und Verlustrechnung endet mit dem Saldo aus den Aufwendungen und Erträgen, also dem Jahresüberschuß/-fehlbetrag. Dieser erscheint in der Bilanz zusätzlich zum Gewinn/verlustvortrag.

Die Variante a) entspricht der Regelung des Aktiengesetzes 1965. Dabei zeigt die Bilanz schon das Bild nach Verwendung des Ergebnisses. Die Rücklagen sind schon um die Zuführung aus dem Jahresüberschuß erhöht bzw. veringert um die Entnahme aus ihnen zum Ausgleich eines Jahresfehlbetrages.

Die Variante b) zeigt die Bilanz vor Verwendung des Jahresüberschusses, der — buchmäßig — für die folgenden Zwecke eingesetzt werden kann:

- Ausgleich eines Verlustvortrages aus dem Vorjahr. Bei einem Gewinnvortrag würde der für die weiteren Zwecke verfügbare Betrag entsprechend erhöht.
- Zuführung zu den Rücklagen (gesetzliche, satzungsmäßige, und/oder andere Rücklagen). Es kann auch eine Entnahme aus den anderen, u.U. aus den satzungsmäßigen oder gesetzlichen Rücklagen erfolgen.
- Ausschüttung an die Aktionäre
- Übertragung auf das neue Jahr als Gewinnvortrag (evtl. Verlustvortrag).

Das folgende Beispiel zeigt die Zusammenhänge und den Buchungsgang: Die Kap-AG habe das Jahr 1984 mit einem Verlust von 3000,— DM abgeschlossen, der „auf neue Rechnung vorgetragen" wurde. Im Jahr 1985 entstand ein Jahresüberschuß von 103 000,— DM. Die darin schon berücksichtigte Körperschaftssteuer ist unter der Annahme berechnet worden. „Die Hauptversammlung wird die Ausschüttung von 50 000,— DM als Dividende beschließen; 5000,— DM werden in die gesetzliche und 45 000,— DM in die freie Rücklage eingestellt werden."

Bucht die Kap-AG entsprechend der Variante a), so sehen das Journal und die T-Konten so aus wie in Abb. 16. Mit der Buch.-Nr. 1 wird der Verlustvortrag aus 1984 auf das Bestandskonto für 1985 übernommen. Im Zuge des Jahresabschlusses für 1985 werden die Salden aller Aufwands- und Ertragskonten auf das Gewinn- und Verlustkonto übertragen. Nach der Entscheidung über die Verwendung des Saldos daraus, also des Jahresüberschusses von 103 000,— DM, bucht man:

- Ausgleich eines Verlustvortrages (Buch.-Nr. 90)
- Zuführung zur gesetzlichen Rücklage (Buch.-Nr. 91)
- Zuführung zu anderen Rücklagen (Buch.-Nr. 92)
- Bilanzgewinn (Buch.-Nr. 93)

Im Jahr 1986 sind dann nur noch zwei Buchungen erforderlich: Anfangsbestand Bilanzgewinn (Buch.-Nr. 101) und, nach dem entsprechenden Beschluß der Hauptversammlung, die Ausschüttung (Buch.-Nr. 152).

Dieser Gang der Buchungen entspricht der üblichen Verteilung der Zuständigkeiten in der Aktiengesellschaft: Der Vorstand stellt den Abschluß auf. Stimmt der Aufsichtsrat zu, so ist der Abschluß für das abgelaufene Geschäftsjahr aufgestellt und kann von der Hauptversammlung nicht mehr geändert werden. Sie kann nur noch über die Ausschüttung oder Nichtausschüttung des Bilanzgewinns beschließen. Folgerichtig wird nur noch dieser in der Schlußbilanz ausgewiesen. Deshalb erlaubt es das HGB auch, von der zunächst in § 266 Abs. 3 vorgeschriebenen Aufteilung in Gewinn-/Verlustvortrag und Jahresüberschuß/-fehlbetrag abzuweichen und nur noch den Bilanzgewinn auszuweisen, also den Saldo dieser beiden Posten und der Zuführung zu bzw. Entnahme aus den Rücklagen (§ 268 (1) HGB).

Bestimmt dagegen die Versammlung der Anteilseigner über die Verwendung des Jahresüberschusses, so eignet sich das in § 266 (3) vorgesehene Bilanzschema.

In Abb. 17 sind die Buchungen und die T-Konten dargestellt, wie sie sich aus diesem Sachverhalt ergeben: Für 1985 war zunächst die Anfangsbestands-Buchung „Verlustvortrag aus 1984" (Buch.-Nr. 1) erforderlich.

Die Hauptversammlung kann, wenn der Jahresabschluß, wahrscheinlich etwa Mitte des Jahres 1985 vorgelegt wird, den in 1984 erlittenen Verlust nur zur Kenntnis nehmen. Nach der Hauptversammlung ergeben sich also keine neuen Buchungen.

Beim Jahresabschluß werden dem Konto 989-Gewinn- und Verlustkonto 900 000,— DM Aufwendungen (einschl. Körperschaftssteuer lt. obigen Annahmen) belastet, 1 003 000,— DM Erträge werden dem Konto gutgeschrieben. Der Saldo wird jetzt auf das Schlußbilanzkonto übertragen. Ebenso nimmt das Schlußbilanzkonto den Verlustvortrag aus 1984 auf (Buch.-Nr. 98 und 99).

Im Jahr 1986 werden zunächst die Anfangsbestände gebucht, also „Verlustvortrag" und „Jahresüberschuß" (Buch.-Nr. 101 und 102). Nach der Hauptversammlung, die entsprechend beschließt, werden

– 3000,— DM zum Ausgleich des Verlustvortrages verwendet (Buch.-Nr. 151
– 5000,— DM der gesetzlichen Gewinnrücklage zugeführt (Buch.-Nr. 152)
– 45 000,— DM in der anderen (freien) Rücklagen eingestellt (Buch.-Nr. 153)
– 50 000,— DM an die Aktionäre ausgeschüttet (Buch.-Nr. 154).

JOURNAL

Hinweise zum Geschäftsvorfall:	Buch.-Nr.:	Konto-Nummer Soll:	Haben:	Betrag DM
Buchungen für 1985:				
Verlustvortrag aus 1984	1	078	998	3000,–
. . . . . .				
Ausgleich Verlustvortrag	90	989	078	3000,–
Zuführung gesetz. Gewinn-Rücklage	91	989	074	5000,–
Zuführung andere Rücklage	92	989	077	45000,–
Bilanzgewinn	93	989	999	50000,–
Buchungen in 1986				
Bilanzgewinn Anfangsbest.	101	998	079	50000,–
Ausschüttung Dividende	151	077	113	50000,–

T-Konten für 1985

074-gesetzliche Gewinnrücklage

Soll	Haben
	91) 989 5000,–

077-andere (freie Rücklage)

Soll	Haben
	92) 989 45000,–

078-Gewinn-/Verlustvortrag

Soll	Haben
1) 998 3000,–	90) 989 3000,–

989-Gewinn- und Verlustkonto

Soll			Haben	
. . .		900000,–	. . .	1003000,–
. . .			. . .	
90)	078	3000,–		
91)	074	5000,–		
92)	077	45000,–		
93)	999	50000,–		
		1003000,–		1003000,–

999-Schlußbilanzkonto

Soll	Haben
	93) 989 50000,–

T-Konten für 1986

079-Bilanzgewinn/-verlust

Soll	Haben
152) 113 50000,–	101) 998 50000,–

113-Bankgirokonto

Soll	Haben
	152) 077 50000,–

Abb. 16: Rechtsformabhängige Buchungen: Aktiengesellschaft mit Ausweis nur des Bilanzgewinns in der Bilanz

JOURNAL

Hinweise zum Geschäftsvorfall:	Buch.-Nr.:	Konto-Nummer Soll:	Haben:	Betrag DM
Buchungen für 1985:				
Verlustvortrag aus 1984	1	078	998	3000,–
...				
Jahresüberschuß 1985	98	989	999	103000,–
Buchungen in 1986				
Jahresüberschuß Anfangsbest.	101	998	079	103000,–
Verlustvortrag aus 1984	102	078	998	3000,–
...				
Ausgleich Verlustvortrag	151	079	078	3000,–
Zuführung gesetzl. Gewinnrückl.	152	079	074	5000,–
Zuführung andere Rücklage	153	079	077	45000,–
Ausschüttung Dividende	154	079	113	50000,–

T-Konten für 1985

076-Gewinn-/Verlustvortrag

1)	998	3000,–	99)	999	3000,–

989-Gewinn- und Verlustkonto

...		900000,–	...		1003000,–
...			...		
98)	999	103000,–			
		1003000,–			1003000,–

999-Schlußbilanzkonto

99)	076	3000,–	98)	989	103000,–

T-Konten 1986

074-gesetzl. Gewinnrücklage

			152)	079	5000,–

998-Anfangsbilanzkonto

101)	079	103000,–	102)	078	3000,–

077-andere (freie) Gewinnrücklage

			153)	079	45000,–

078-Gewinn-/Verlustvortrag

102)	998	3000,–	151)	079	3000,–

079-Jahresüberschuß/-fehlbetrag

151)	078	3000,–	101)	998	103000,–
152)	074	5000,–			
153)	077	45000,–			
154)	113	50000,–			

Abb. 17: Rechtsformabhängige Buchungen: Aktiengesellschaft mit Ausweis des gesamten Jahresüberschusses in der Bilanz

7.3 Buchungstechnik: Vom Gänsekiel zum Computer

Die technischen Hilfsmittel des Rechnungswesens sind heute so vielfältig, daß es zweckmäßig ist, sich zunächst mit denjenigen für die Buchhaltung im engeren Sinne zu befassen und anschließend einen Blick sowohl auf die dem Buchen vorgelagerten Arbeiten als auch die ihm folgenden zu richten.

7.3.1 Formulartechnik und Mechanik

Sobald ein Buchungsbeleg mit mindestens den Angaben
- Buchungs-Nr. (Nr.),
- zu belastendes Konto (Kto. Soll),
- zu erkennendes Konto (Kto. Haben),
- zu buchender Betrag

vorliegt, können die folgenden Arbeiten ausgeführt werden:
- Aufzeichnung im Journal,
- Aufzeichnung auf dem zu belastenden Konto,
- Aufzeichnung auf dem zu erkennenden Konto.

Aufzeichnungen erfordern Datenträger, die bei den Sumerern Tontäfelchen, bei den Inkas möglicherweise Quipus, in den Schenken des Mittelalters vielleicht Kerbhölzer oder mit Kreide beschriftete Tafeln gewesen sein mögen. Von den Ägyptern an bis zum 20. Jahrhundert wurden die Aufzeichnungen entweder auf Pergament oder auf Papier vorgenommen. Im 21. Jahrhundert wird das Papier sicher weitgehend durch elektronisch lesbare Datenträger abgelöst worden sein.

Das Beschriften von Pergament oder Papier erfolgte zunächst mit Gänsekiel und Tinte; der Gänsekiel wurde später durch stählerne Federn und Federhalter, durch Kopierstifte, Füllfederhalter und Kugelschreiber abgelöst. In wenigen Fällen wurden auch reine Schreibmaschinen zum Aufzeichnen der Geschäftsvorfälle im Journal und auf den Konten verwendet.

Lose Blätter, auf die man zunächst schrieb, wurden bald abgelöst durch gebundene Bücher, die den Vorteil der besseren Kontrolle und der geordneten Aufbewahrung hatten. Damit war allerdings der Nachteil verbunden, daß der für ein Konto zunächst vorgesehene Platz z.B. eine Seite, nicht mehr ausreichte, die nächste Seite allerdings schon für ein anderes Konto vorgesehen war. Ständiges Hin- und Herblättern beim Buchen, ständige Verweise auf neue Seiten oder gar ein Fortsetzungsbuch erschwerten die Übersicht. Zudem mußte jeder Geschäftsvorfall entweder dreimal aufgezeichnet oder mit anderen zu einer Sammelbuchung zusammengefaßt werden (Journal, Kto.-Soll, Kto.-Haben). Diese Art der Buchführung wird als **Übertragungsbuchführung** bezeichnet. Als in den Jahren vor dem 1. Weltkrieg die Technik des Durchschreibens von einem Blatt auf das darunter liegende entwickelt war, schrieb man den Buchungssatz im Original auf das Konto, als Durchschrift auf das Journal (**Durchschreibebuchführung**). Eigene Anlageschienen mit getrennten Klemmleisten für das Journal- und das Kontoblatt ermöglichten es, zeilen- und spaltengerecht durchzuschreiben.

Zeitweise gab es Zweifel, ob die notwendige Sicherheit und Kontrollierbarkeit bei einer solchen „Lose-Blatt-Sammlung" von Konto- und Journalblättern noch gegeben sei. Erst ein eigens dazu erstelltes Gutachten der Industrie- und Handelskammer Berlin aus dem Jahr 1927 stellte klar, daß eine Durchschreibebuchführung dann ordnungsgemäß ist, wenn sie die folgenden Sicherungen aufweist:

1. Der Zeitfolge entsprechende Eintragungen der Geschäftsvorfälle,
2. Gegenseitige Verweisungen und Buchungszeichen auf Belegen, Konten und im Journal
3. Getrennte Konten für Bestände, Aufwendungen und Erträge
4. Nachweis über alle Kontenblätter,
5. Geordnete Aufbewahrung der Belege,
6. Übertragung der Summe eines Blattes auf das ihm folgende, oder entsprechende Sicherheitsmaßnahmen.
   (ADS 1968, Tz. 112 zu § 149]

Die gebundenen Bücher mit ihrer umständlichen und fehlerträchtigen Methode des mehrmaligen Eintragens eines Geschäftsvorfalls auf verschiedene Konten (Übertragungsbuchführung) wurden durch die Durchschreibebuchführung fast vollständig verdrängt. Es begann mit der manuellen Durchschreibebuchführung, z.T. schon vor dem ersten Weltkrieg. Abb. 18 zeigt ein Beispiel: Das Journal, auf das beim Buchen auf dem Kontoblatt durchgeschrieben wird, enthält hier drei getrennte Kolonnen (Lieferanten, Kunden, Sachkonten). Auf dem Kontoblatt wird die Journalseite („J.S.") vermerkt, auf dem Journal das Konto (Spalte „Konto", hier mit zwei Buchungen zum Konto L 1). Die zugehörige Sachkonten-Buchung zu der auf dem Konto L 1 gebuchten Eingangsrechnung („E.R." 122) ist auf dem Journalblatt in der dritten Zeile zu erkennen. Zwei Eingangsrechnungen (ER 122 und ER123), die auf zwei getrennten Lieferantenkonten gebucht wurden, sind hier zusammengefaßt zu einer Gegenbuchung.

In einer speziellen Variante gibt es heute noch gebundene Bücher für die Buchhaltung: Im sogenannten **amerikanischen Journal**. Es vereinigt in einem einzigen gebundenen Buch das Journal und die Konten. Für jedes Konto ist eine Spalte oder eine „**Kolonne**" (zwei Spalten, eine für die Soll-, eine für die Habenbuchungen) vorgesehen. Damit das Buch noch halbwegs hantierbar bleibt, sind nicht mehr als 12-16 Spalten bzw. Kolonnen für die wichtigsten Konten möglich. Jeder Geschäftsvorfall wird in einer Zeile gebucht, vorn in der Journalkolonne, dann in den beiden Kolonnen der zuge-

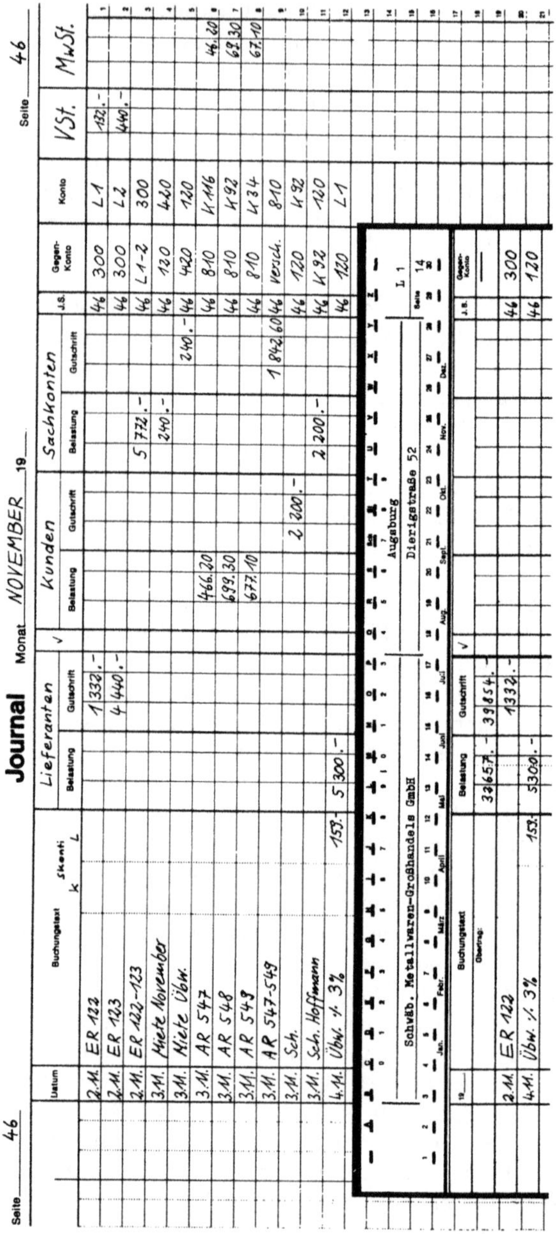

Journal Seite 46 Monat NOVEMBER 19__ Seite 46

Datum	Buchungstext	Skonti K	Skonti L	Lieferanten Belastung	Lieferanten Gutschrift	✓	Kunden Belastung	Kunden Gutschrift	Sachkonten Belastung	Sachkonten Gutschrift	J.S.	Gegen-Konto	Konto	VSt.	MwSt.
2.11.	ER 122				1 332.–						46	300	L 1	132.–	
2.11.	ER 123				4 440.–						46	300	L 2	440.–	
2.11.	ER 122–123								5 772.–		46	L 1-2	300		
3.11.	Miete November								240.–		46	120	420		
3.11.	Miete Übw.									240.–	46	420	120		
3.11.	AR 547						466.20				46	810	K 116		46.20
3.11.	AR 548						699.30				46	810	K 92		69.30
3.11.	AR 549						677.10				46	810	K 34		67.10
3.11.	AR 547-549									1 842.60	46	versch.	810		
3.11.	Sch.							2 200.–			46	120	K 92		
3.11.	Sch. Hoffmann								2 200.–		46	K 92	120		
4.11.	Übw. ./. 3%		153.–	5 300.–							46	120	L 1		

Schwäb. Metallwaren-Großhandels GmbH
Augsburg
Dierigstraße 52
L 1 Seite 14

19__	Buchungstext	Belastung	Gutschrift	✓	J.S.	Gegen-Konto
	Übertrag:	33 657.–	39 854.–			
2.11.	ER 122		1 332.–		46	300
4.11.	Übw. ./. 3% 153.–	5 300.–			46	120

Abb. 18: Hand-Durchschreibebuchführung (Taylorix)

hörigen Konten. Falls mehr Konten vorhanden sind, als Platz im amerikanischen Journal ist, wird der Betrag in der Kolonne „Diverse“ mit einem Vermerk über das zugehörige Konto gebucht. Für Kleinbetriebe, für Filialen usw. ist diese Art des Buchens auch heute noch praktikabel.

Die eigentliche Schreibarbeit wurde durch die Durchschreibebuchführung reduziert, durch das amerikanische Journal erleichtert. Es blieb aber die Arbeit des Rechnens, also des Aufaddierens der Beträge in der Soll- und der Habenspalte im Journal und auf den Konten und des Ermitteln des Saldos.

Saldiermaschinen mit mechanischem Rechenwerk ersparten das Rechnen; man mußte allerdings alle Zahlen erneut eintasten. Es lag deshalb nahe, das mechanische Rechenwerk so auf die beim Buchen benutzte Schreibmaschine zu setzen, daß der Typenhebel nach dem Eintasten der Ziffer zugleich schrieb und die Mechanik der Rechenmaschine betätigte. So entstanden **rechnende Schreibmaschinen**, denen für jede Spalte ein Rechenwerk aufgesetzt werden konnte.

Weil ein Buchungssatz vollständig durch Zahlen wiedergegeben werden kann und Texte allenfalls noch erläutern, lag es nahe, die Saldiermaschinen so auszurüsten, daß sie statt einfacher Streifen auch Journalblätter und Kontokarten mit Zahlen beschriften konnten. Zusätzlich zu den Typenhebeln oder Schreibrädern für die Ziffern wurden noch einige Druckträger für die wichtigsten beim Buchen vorkommenden Bezeichnungen, z.B. „Ware“, „Kosten“, „Kunden“, „Lieferanten“ u.ä. angebracht. So entstanden **schreibende Rechenmaschinen.**

Der Hand-Durchschreibebuchführung und der mit Maschinen war gemeinsam, daß

- Journal und ein Kontoblatt, evtl. Journal und zwei Kontoblätter in einem Zuge beschriftet wurden
- das Kontoblatt immer wieder aus dem Bestand aller Kontoblätter gezogen werden mußte, anschließend beschriftet wurde und danach wieder zurückgestellt werden mußte
- für das zeilengerechte Beschriften von zwei bzw. drei Blättern besondere technische Einrichtungen erforderlich waren (Klemmvorrichtung bei Hand-, Kontoeinzugsvorrichtung bei Maschinenbuchführung).

Die Maschinen-Durchschreibebuchführung erforderte das zweimalige Eintasten des Buchungssatzes, wenn nur Journal und ein Konto gemeinsam beschriftet wurden. Es gab also bestimmte Erleichterungen. Es blieb aber ein erheblicher manueller Arbeitsaufwand.

Diesen versuchte man auf zwei Wegen zu reduzieren, einmal durch die Offene-Posten-Buchhaltung, dann durch die Buchhaltung mit Lochkarten und den zu ihnen gehörenden Sortier- und Tabelliermaschinen.

Eingangs- und Ausgangsrechnungen werden in den meisten Fällen nicht sofort durch eine Zahlung ausgeglichen, sondern erst später. Ihr Betrag ist bis dahin ein „**Offener Posten**". Handelt es sich um eine Ausgangsrechnung, so muß sie bei der Zahlung i.d.R. vorliegen, damit der „Bezahlt"-Vermerk auf ihr angebracht werden kann. Häufig wird auch mit Abzug bezahlt (Skonto, Nachlässe), zu dessen Berechnung ebenfalls die Rechnung herangezogen werden muß. Deshalb liegt es nahe, die Kunden- und die Lieferanten-Buchhaltung (Debitoren- und Kreditoren-Kontokorrent) in Form einer **Offenen-Posten-Buchhaltung** zu führen. Dabei werden die noch nicht ausgeglichenen Rechnungen (bzw. Kopien der Ausgangsrechnungen) getrennt von den schon ausgeglichenen abgelegt. Täglich wird die Summe der neu hinzukommenden Rechnungen im Debitoren- bzw. Kreditoren-Journal aufgelistet. Bei Zahlung wird die Rechnung aus dem Bestand der Offenen Posten entfernt. Die Zahlung wird im Debitoren- bzw. Kreditoren-Journal registriert und auf der Rechnung vermerkt. Man erspart sich also das Führen eines eigenen Kunden- oder Lieferanten-Kontokorrentkontos je Partner, nicht jedoch das Führen des Journals und des Kontos 140-Forderungen (L + L) bzw. 160-Verbindlichkeiten (L + L).

Statt der Rechnung oder der Rechnungskopie kann man auch eine Lochkarte nehmen, auf der alle notwendigen Angaben sowohl in Form von Lochungen als auch am oberen Rand in Klarschrift stehen. Am Monatsende kann man dann mit Hilfe einer Tabelliermaschine alle noch offenen Posten auflisten und ihren Saldo mit dem der entsprechenden Sachkonten vergleichen. Die Offene-Posten-Buchhaltung mit Lochkarten war jedoch nur solange üblich, wie das Speichern von Daten im Computer selbst noch zu teuer war.

Heute (1984) ist die Lochkarte fast völlig verdrängt; bis ca. 1970 war sie der vorherrschende, maschinell lesbare und maschinell erstellbare Datenträger und -speicher. Diese Funktion haben heute Disketten, Magnetbänder und -platten u.a. übernommen.

Sobald ein Buchungssatz einmal in maschinell lesbare Form gebracht oder direkt in den Computer eingegeben wurde (Datenerfassung), können alle weiteren Arbeitsgänge ohne menschliches Zutun vom Computer abgewickelt werden. Alle Daten können auch so gespeichert werden, daß sie später jederzeit wieder direkt vom Datenträger oder -speicher in den Computer übernommen werden können.

Abb. 19 zeigt das Beispiel eines Geschäftsgangs, der mit dem Computer simuliert wurde. Das Programm ist speziell für das Studium des Rechnungswesens geschrieben worden und wird dafür auch seit 1977 in der Fernuniversität in Hagen eingesetzt. Der Student gibt seine Buchungssätze auf Markierungsbelegen ein. Der Computer führt damit u.a. die folgenden Arbeiten aus:

— Erstellen eines Journals
— Buchen auf Konto und Gegenkonto
— Drucken des Kontos
— Erstellen einer Abschlußübersicht

KREDITOREN-JOURNAL

Hinweise zum Geschäftsvorfall:	Buch.-Nr.:	Konto-Nummer Soll:	Haben:	SOLL DM	HABEN DM
Rechnung Buchklub 10.01.	1	390	16001		500,–
Rechnung Remgros 10.01	2	390	16002		700,–
Rechnung Globo 10.01.	3	390	16003		900,–
Bankeinzug Buchklub 13.01.	4	16001	113	100,–	
Bankeinzug Remgros 13.01.	5	16002	113	140,–	
Bankeinzug Globo 13.01.	6	16003	113	180,–	
Rechnung Remgros 10.02.	7	390	16002		800,–
Bankeinzug Remgros 13.02.	8	16002	113	160,–	
Rechnung Globo 15.02.	9	390	16003		400,–
Akzept an Buchklub 15.02.	10	16001	180	400,–	
Akzept an Remgros 15.02.	11	16002	180	560,–	
Akzept an Globo 15.02.	12	16003	180	720,–	
Bankeinzug Globo 18.02.	13	16003	113	80,–	
Postgiro Remgros 15.03.	14	16002	110	600,–	
Skonto Remgros 15.03	15	16002	247	40,–	
Postgiro Globo 15.03.	16	16003	110	300,–	
Skonto Globo 16.03.	17	16003	247	20,–	

Kreditoren-Konten

16001-Buchklub

4)	113	100,–	1)	390	500,–
10)	180	400,–			

16003-Globo

6)	113	180,–	3)	390	900,–
12)	180	720,–	9)	390	400,–
13)	113	80,–			
16)	110	300,–			
17)	247	20,–			

16002-Remgros

5)	113	140,–	2)	390	700,–
8)	113	160,–	7)	390	800,–
11)	180	560,–			
14)	110	600,–			
15)	247	40,–			

Abb. 14a: Kreditoren-Journal und Kreditoren -Konten

Journal zum integrierten betrieblichen Rechnungswesen

SJ 82/83

– – Ihre Markierung: –

Lfd. Nr.	Bu. Nr.	Kto. So. A	Nr. Ha. B	Betrag DM/TDM C	Zusatz D	
1	31	1	998	500	0	Anfangsbest. G + G Betrieb
2	32	6	998	50	0	dto. Grundst. unbebaut
3	33	10	998	150	0	dto. Maschinen
4	34	30	998	10	0	dto. Betr. + Gesch.ausst.
18	60	140	830	1000	0	Ausgangsrechnung
48	280	830	140	12	0	

Abschlußübersicht

Zu Kurs: 29 Einheit: 4 Matrikelnr. 1404601
Bitte vergleichen Sie die untenstehenden Zahlen
mit der von Ihnen erstellten Abschlußübersicht!

Konto Nr.	Eröffn.Bil. Soll DM/TDM	Haben DM/TDM	Umsatzbilanz Soll DM/TDM	Haben DM/TDM	Saldenbilanz Soll DM/TDM	Haben DM/TDM	Vermög. Rech. aktiv DM/TDM	passiv DM/TDM	Erfolg.Rechn. Aufw. DM/TDM	Ertrag DM/TDM
Kontenklasse: 0: Anlageverm. + langfr. Kapital										
1	500	0	0	0	500	0	500	0	0	0
6	50	0	0	0	50	0	50	0	0	0
10	150	0	0	0	150	0	150	0	0	0
30	10	0	0	0	10	0	10	0	0	0
Kontenklasse: 8: Leistungen										
830	0	0	12	1000	0	988	0	0	0	988
Kontenklasse: 9: Ergebnis- + Abschlußkonten										
998	1070	1070	0	0	0	0	0	0	0	0
Bilanzverl./-Gewinn, Überschuß/Fehlbetrag								126	126	0
Summen:	2140	2140	3806	3806	2332	2332	1469	1469	989	989

Abb. 19a: Buchführung mit EDV (aus dem Kurs „Buchhaltung" der Fernuniversität in Hagen.)
Journal und Abschlußübersicht (Ausschnitte)

Entwurf der Gewinn- und Verlustrechnung gem. Paragraph 157 AG 1965

Nr.	Bezeichnung des Postens:	DM/TDM	DM/TDM
	Leerpositionen sind nicht ausgedruckt		
1	Umsatzerlöse	988	
2	Erhöhung oder Verminderung des Bestands an fertigen und unfertigen Erzeugnissen . . .	–75	913
4	Gesamtleistung		913
5	Aufwendungen für Roh-, Hilfs- und Betriebsstoffe sowie für bezogene Waren		–164
6	Rohertrag / Rohaufwand		749
10	Sonstige Zinsen und ähnliche Erträge	1	1
	Saldo aus Positionen 1 – 15		750
16	Löhne und Gehälter	–300	
17	Soziale Abgaben	–50	
19	Abschreibungen und Wertberichtigungen auf Sachanlagen und immaterielle Anlagen	–149	
23	Zinsen und ähnliche Aufwendungen	–5	
26	Sonstige Aufwendungen, ordentlich	–40	
261	Dto. außerordentlich	–80	–624
	Jahresüberschuß / Jahresfehlbetrag		126

Bilanzentwurf gem. Paragraph 151 Aktiengesetz 1965

Leerpositionen sind nicht ausgedruckt.

AKTIVA		DM/TDM
I.	Ausstehende Einlagen auf Grundkapital, nicht eingeford.	
	dto., eingefordert	
II.	Anlagevermögen:	
	A. Sachanlagen und immaterielle Anlagewerte:	
	1. Grundstücke und grundstücksgleiche Rechte mit Geschäfts-, Fabrik- und anderen Bauten . . .	500
	3. dto., ohne Bauten	50
	5. Maschinen und maschinelle Anlagen	150
	6. Betriebs- und Geschäftsausstattung	10

PASSIVA		DM/TDM
I.	Grundkapital	500
II.	Offene Rücklagen:	
	1. Gesetzliche Rücklage	50
III.	Wertberichtigungen:	
	1. Wertberichtigungen auf Sachanlagen	144
VII.	Rechnungsabgrenzungsposten	
VIII.	Bilanzgewinn (hier noch gleich dem Jahresüberschuß lt. GuV-Rechnung)	126
		1469

Abb. 19b: Buchführung mit EDV (aus dem Kurs „Buchhaltung“ der Fernuniversität in Hagen).
Entwurf der Gewinn- und Verlustrechnung und der Bilanz.

d) Wenn der Computer im Versandhaus feststellt, daß durch die Kundenbestellung der Vorrat eines Artikels auszugehen droht, prüft er die Möglichkeit und Notwendigkeit der Nachbestellung dieses Artikels und evtl. anderer vom selben Lieferanten und schreibt u.U. eine Bestellung. Zugleich ermittelt er die Soll-Rechnungssumme des Lieferanten für die zu erwartende Lieferung. Der Lieferant erhält die Bestellung durch Datenfernübertragung. Sein Computer führt nun die gleichen Arbeiten aus wie unter b). Nach Eingang der Ware und Meldung des Wareneingangs „vollständig und einwandfrei" bucht der Computer im Versandhaus automatisch: Wareneingang an Verbindlichkeiten (L+L), Betrag lt. Bestellung.

e) Alle zur Zahlung fälligen Beträge werden täglich oder 2-3 mal pro Woche vom Computer ermittelt. Er stellt fest, welche Zahlungsart am günstigsten ist, z.B. nach den Kriterien: Zunächst Abbau aller Guthaben auf Bank- und Postgiro, dann Überziehung der Konten in der Reihenfolge „billigste zur teuersten Bank". Danach Ausstellen von Verrechnungsschecks bei Beträgen ab ... DM, sonst Überweisung. Anschließend druckt er die Schecks mit anhängendem Kurzbrief und erteilt die Überweisungsaufträge, u.U. durch Datenfernübertragung, an die Bank/Post.

f) Zusammen mit dem Monatsabschluß erstellt der Computer die Umsatz-(Mehrwert-)Steuer-Voranmeldung und merkt den Betrag zur Überweisung vor.

g) Der Drucker des Computers wird nur noch für zwei Arbeitsgänge benötigt: Für die Erstellung der Anweisungen und Versandpapier lt. b) und für die Schecks lt. e). Die gesamte „Buch-"haltung erfordert keine Konto- und Journalblätter mehr. Diese sind nur intern gespeichert, aber immer nach neuestem Stand den Sachbearbeitern auf deren Bildschirm zugänglich. Zusätzlich werden sie noch auf Mikrofilm ausgegeben, so daß jederzeit alles, was bisher auf dem Papier der Buchhaltung stand, nachgelesen werden kann, allerdings ohne die früher üblichen Papierberge der Buchhaltung wälzen zu müssen.

Die hier angedeuteten Möglichkeiten erfordern nicht mehr, wie noch in dem Jahrzehnt 1970 - 1980, Großcomputer mit monatlichen Kosten von ...zigtausend Mark. Es genügen dafür schon Personal-Computer, mit monatlichen Kosten (Miete bzw. Abschreibung und Zinsen) von vielleicht 1000,— DM oder weniger. Umfassende Lösungen der angedeuteten Art, auch als „Integrierte Datenverarbeitung" bezeichnet, sind also auch schon in Mittelbetrieben denkbar; wenn sich das Preis-Leistungsverhältnis im EDV weiter so entwickelt wie etwa in den Jahren 1975 - 1985, werden in absehbarer Zeit auch Kleinbetriebe so arbeiten können wie hier angedeutet.

8 Bilanztheorien und Bilanzpolitik

8.1 Bilanztheorien

Unter der anspruchsvollen Bezeichnung „Bilanztheorie" werden häufig diejenigen Aussagen beschrieben, die sich
- mit Zwecken, Zielen, Gründen oder dem Informationsgehalt
- mit den Regeln für den Ansatz und die Bewertung von Vermögens-, Schuld-, Aufwands oder Ertragsposten

der Bilanz bzw. der Gewinn- und Verlustrechnung befassen.

Ob es sich dabei um Theorien handelt oder nur um Aussagen, kann in diesem einführenden Lehrbuch dahingestellt bleiben. Sie können hier auch nicht vollständig beschrieben werden; das ist die Aufgabe eigener Lehrbücher zur Bilanztheorie (z.B. Seicht (1982) mit weiteren Literaturangaben). Hier genügt es, einige für den heutigen Stand der Bilanztheorie bedeutsame Beispiele zu nennen.

Diskussionen bei z.T. sehr weit auseinandergehenden Standpunkten gab (und gibt) es u.a. um die folgenden Fragen:

a) Soll in der Jahresbilanz mit Liquidations-, Anschaffungs- oder Tagespreisen bewertet werden?
b) Ist der vorherrschende Zweck des Jahresabschlusses die Erfolgs- oder die Vermögensermittlung?
c) Gibt es allgemein anerkannte Zwecke oder Ziele des Jahresabschlusses oder handelt es sich um ein Bündel verschiedener, einander z.T. widersprechender Ziele?
d) Ist die Gegenüberstellung von Einzahlungs- und Auszahlungsreihen, auch der in die Zukunft projizierten, nicht sinnvoller als ein zwangsläufig stichtagsbezogener Jahresabschluß mit den sich daraus ergebenden, z.T. unlösbaren Bewertungsproblemen?

Zu a): Um 1880 gab es eine Auseinandersetzung um die Frage, ob die Bilanz nur diejenigen Werte ausweisen sollte, die bei einer Liquidation des Unternehmens erzielbar seien und mithin zur Deckung der Schulden verfügbar wären oder aber die Anschaffungswerte. Für das erstere sprach sich das deutsche Reich-Oberhandelsgericht aus (1874). Mit der Begründung, im Regelfalle würde das Unternehmen weitergeführt, deshalb seien die Liquidationswerte nur ausnahmsweise heranzuziehen, vertrat der **Rechtsanwalt** Hermann Veith Siom (1886) die Anschaffungswerte. Unter dem Namen **„Ältere statische Schule"** ist diese Diskussion in die Geschichte der Bilanztheorien eingegangen (Bitz 1984).

In den Jahren nach 1920 führte die Inflation in Deutschland zu einem weiteren Vorschlag. Bei sich stetig (und signifikant) ändernden Preisen sei es notwendig, die Differenz zwischen Anschaffungs- und Tagespreisen im Rechnungswesen auszuweisen und die Ergebnisse danach zu trennen. Fritz

Schmidt entwickelte dazu seine **„Organische Tageswertbilanz“** (1921, 1929].

Zu b): Die Erfolgsermittlung als vorherrschenden Zweck des Jahresabschlusses nannte Eugen Schmalenbach. Er entwickelte daraus das System der **Dynamischen Bilanz**. Schmalenbach dazu: die „bilanzmäßige Erfolgsrechnung“ habe die Aufgabe, „den Betrieb seine Fahrtrichtung erkennen zu lassen und ihm so als Kompaß zu dienen“ (1962, S. 6). „Wenn die Bilanz die Aufgabe hat, einen Zustand des Betriebes zu schildern, ... so nennen wir eine solche Bilanz eine statische“ (1962, S. 44; wir zitieren aus der 13. Auflage, weil sie noch allgemein zugänglich ist. Die im folgenden zitierte Kritik Riegers richtete sich gegen frühere Auflagen, die an den kritisierten Stellen jedoch identisch mit der 13. Auflage sind).

Zu den heftigsten Kritikern gehörte Rieger mit dem Argument „... daß man bei einer Zwischenbilanz den Erfolg aus der Realität nicht feststellen kann.“ (1936, S. 139).

Man kann diesen Streit als „Konfusion“, statische gegen „dynamische Bilanzen“ bezeichnen. Man kann auch von einer „unheiligen Dreifaltigkeit der statischen, dynamischen und organischen Auffassung“ sprechen. Jeder Vergleich zweier zu verschiedenen Zeitpunkten aufgestellter Bilanzen eines Betriebes ist dynamisch; „statisch“ wäre dann nur eine Konkurs- oder Liquidationsbilanz, keine Jahresbilanz (Schneider 1981, S. 426 ff.). Was „verschiedene Autoren in sehr fragmentarischer Weise zum Jahresabschluß ... an Ideen und Vorstellungen entwickelt haben“ läßt sich, darin folgen wir Seicht (1981, S. 164) nur in wissenschaftlich unbefriedigender Weise darstellen.

Zu c): Es gebe keine ausdrücklich oder implizit gesetzliche festgelegte Bilanzzwecke, aus denen man Grundsätze ordnungsmäßiger Bilanzierung ableiten könne. Man müsse zunächst rechtspolitische Ziele setzen, z.B. den „Gläubigerschutz“ als Werturteil. Dann müßten Annahmen darüber folgen, welche Zahlen im Abschluß etwas über gegebene oder nicht gegebene Rückzahlungswahrscheinlichkeiten der Schulden etwas aussagten. Das seien dann „widerlegungsfähige Tatsachenbehauptungen“. Daraus ergäben sich „Handlungsempfehlungen“ für die Formulierung von gesetzlichen Vorschriften oder Grundsätze ordnungsmäßiger Bilanzierung. Wer den dritten Schritt vor dem ersten und zweiten tue, handle falsch. Dieses falsche Handeln wirft Dieter Schneider dem Bundesfinanzhof als der z.Z. fast allein über die Grundsätze ordnungsmäßiger Bilanzierung entscheidenden Instanz vor. Den gleichen Vorwurf erhebt er gegen das Bilanzrichtlinien-Gesetz (1983a, S. 157).

Wenn diese Kritik als „planloser Rundumschlag gegen die heutige Bilanzlehre“ (Mellwig 1983, Fußnote 41) bezeichnet wird, kennzeichnet das besser als viele Worte den derzeitigen Stand der Diskussion: Bei überdeutlichen Worten eine Besinnung darauf, daß dem Jahresabschluß trotz aller Systematisierung sehr enge Grenzen seiner Aussagefähigkeit gesetzt sind. Zu den überdeutlichen Worten noch ein Beispiel: Zur Einräumung von Wahlrechten bei Bewertung und Ansatz von Vermögen und Schulden sagt Schneider demonstrativ „... ein Bilanzrecht, das in Teilen zum öffentlich-rechtlich sanktionierten Schwindel mit Eichstempeln wird." (1983 b, S. 152).

Zu d): Die Meinung enthält einen wahren Kern. Anscheinend teilte sie auch Eugen Schmalenbach nach dem 2. Weltkrieg, als er in seine „Dynamische Bilanz" einen Abschnitt „Die Erfolgsbilanz unter dem Einfluß der hohen Steuern" einfügte und, schon halb resignierend, schrieb: „Die Folge solcher Bilanzfrisuren ... ist, daß der Jahresabschluß gerade diejenige Aufgabe, die seine eigentliche Aufgabe ist, immer weniger erfüllt." (1962, S. 43). Es gab deshalb immer wieder Vorschläge, Bilanz und G+V-Rechnung auf die Aufgabe zu beschränken, den Gewinn zu ermitteln und auf die Gesellschafter vertragsgemäß zu verteilen. Für alle anderen Entscheidungen seien aber Rechnungen besser, die sich auf Einnahmen und Ausgaben beschränken, also alle Bewertungsprobleme ausklammern (Busse von Colbe, 1966; Dieter Schneider, 1984, u.a.).

Andere Vorschläge sehen eine Ergänzung der Bilanz um eine ständige Finanzrechnung vor (am ausgeprägtesten bei Chmielewicz, 1972, S. 42 ff., 1973, S. 68 ff.). Z.Z. (1984) läßt sich allerdings nicht erkennen, daß solche Vorschläge Bedeutung für das Recht des Jahresabschlusses gewinnen werden. Die Erweiterung der deklarierten Zwecke des Jahresabschlusses in § 264 (2) HGB um „ein Bild . . . der . . . Finanzlage" weist zwar in diese Richtung; die einzelnen Vorschriften verlangen jedoch nicht die ständige Finanzrechnung, sondern nur die zusätzlichen Erläuterungen im Anhang. Demgegenüber ist die Praxis des Rechnungswesens für innerbetriebliche Zwecke schon weiter fortgeschritten, zum Teil auch die zusätzlicher, freiwilliger Erläuterungen im veröffentlichten Jahresabschluß. Sie enthalten vielfach schon zusätzlich eine **Bewegungsbilanz**, in der auf der einen Seite Minderungen der Aktiva seit dem letzten Jahresabschluß und Erhöhung der der Passiva zur Summe „Mittelherkunft", auf der anderen Seite der Erhöhungen der Aktiva und die Minderungen von Passiva als „Mittelverwendung" zusammengefaßt werden. Hier kann man nur begrenzt von einer Annäherung an die Einnahmen-Ausgabenrechnung sprechen. Weiter gehen die **Kapitalflußrechnungen** als Darstellung echter Zahlungsströme.

8.2. Bilanzpolitik

Es gibt beim Jahresabschluß weitgehend Wahlrechte hinsichtlich des

- Ansatzes bestimmter Posten (sie dürfen, sie müssen aber nicht aktiviert bzw. passivierte werden), und der
- Bewertung (der Bilanzierende kann zwischen verschiedenen Bewerungsmethoden mit z.T. weit auseinanderliegenden Ergebnissen wählen).

Ferner muß in vielen Fällen geschätzt werden, weil kein genauer Wert bekannt ist, die Nutzungsdauer eines Anlagegegenstandes nicht vorhersehbar ist oder sogar die Menge bestimmter Vorratsposten — z.B. einer Halde mit Kohlen — nicht genau bekannt ist.

Diese Wahlrechte, in gewissem Umfang sogar die Notwendigkeiten, zu schätzen, können nun genutzt werden, um beim Bilanzleser einen bestimmten Eindruck zu erwecken. Solche Maßnahmen gehören zur Bilanzpolitik. In welcher Weise sie ausgeübt werden, hängt von den Zielen ab. Vorherrschende Ziele der Bilanzpolitik sind:

— Steuerminimierung, zumindest Steueraufschub,
— Ausweis eines als „günstig“ angesehenen Gewinns,
— Aufteilung und Ausschüttung dieses Gewinns in einem als günstig angesehenen Verhältnis unter Berücksichtigung vertraglicher und gesetzlicher Regelungen,
— Vermitteln eines als günstig angesehenen Bildes bei den Lesern des Abschlusses.

Weil nicht alle Ziele gleich vollständig erreicht werden können, kommt es zu Kompromissen. I.d.R. dominiert das Ziel „Steuerminimierung/-aufschub“ so stark, daß die anderen Ziele nur sehr unvollständig erreicht werden können.

Einkommen- und Gewerbesteuern werden mit einem Vergleich zweier aufeinanderfolgender **Steuerbilanzen** ermittelt. Die Steuerbilanz entspricht, vereinfacht gesagt, der Handelsbilanz, korrigiert an allen den Stellen, an denen das Steuerrecht zwingend anderes vorschreibt, als es in der Handelsbilanz ausgewiesen wurde. Die **Handelsbilanz** ist die Bilanz, die wir bis jetzt kennen gelernt haben, also die Bilanz die nach den Regeln des HGB, des Aktiengesetzes oder der weiteren für spezielle Rechtsformen der Unternehmung geltenden Gesetze aufgestellt wurde. Was in diesen Gesetzen vorgeschrieben ist, gilt auch für die Steuerbilanz (**Maßgeblichkeitsprinzip**) Wahlrechte dagegen gelten i.d.R. nicht für die Steuerbilanz. Hier wird fast immer die für den Steuerpflichtigen ungünstigere Variante vorgeschrieben. Wahlrechte im Steuerrecht müssen bis auf wenige Ausnahmen bereits in der Handelsbilanz ausgeübt werden, um sie steuerlich wirksam geltend machen zu können (**umgekehrte oder rückwirkende Maßgeblichkeit**).

Bisher entsprach in weit mehr als 90% aller Betriebe die Handelsbilanz genau der Steuerbilanz. Oder: Es wurde nur eine Steuerbilanz aufgestellt. Wenn das Jahresergebnis auf verschiedene Gesellschafter aufgeteilt werden mußte, erklärte man die Steuerbilanz zur Handelsbilanz (Döllerer 1983, S. 160]. Nach der Übernahme der 4. EG-Richtlinie in das deutsche Handelsgesetzbuch wird sich einiges ändern, so daß man für diese Zeit etwa die folgenden Einflüsse auf die Bilanzpolitik vorhersehen kann:

a) Zusätzlich zur Steuerbilanz muß in sehr viel mehr Betrieben als bisher eine von ihr abweichende Handelsbilanz aufgestellt werden, weil es mehr als bisher auf den Eindruck ankommt, den die Handelsbilanz auf den außenstehenden Leser machen wird.

b) Es bleibt beim bisherigen Einfluß der Handels- auf die Steuerbilanz, woraus eine starke Konkurrenz der höchst unterschiedlichen Ziele beider Bilanzen entstehen wird.

Zu a): In Zukunft zwingt das HGB alle Gesellschaften mit beschränkter Haftung zur Offenlegung ihres gesamten Abschlusses, sobald sie die Grenze vom Klein- zum Mittelbetrieb überschritten haben (mehr als 5,7 Mio. DM Umsatz, mehr als 50 Arbeitnehmer oder mehr als 2,85 Mio. DM Bilanzsumme). Konkurrenten, Kunden, Lieferanten, eigene Arbeitnehmer, Gewerkschaften, Kommunalpolitiker und Berufsverbände können sich also relativ genau über den Abschluß informieren. Bisher war der Abschluß dagegen nur den eigenen Gesellschaftern, den kreditgebenden Banken und den Finanzbehörden zugänglich. Sogar diese drei Interessenten erhalten durch den in Zukunft vorgeschriebenen Anhang mehr Informationen als bisher, zudem noch Informationen, an die höhere Anforderungen an Form und Genauigkeit gestellt werden als an evtl. bisher schon gegebene Erläuterungen.

Das wird zu Abweichungen zwischen Handels- und Steuerbilanz dort führen, wo sich diese beiden Bilanzen bisher entsprachen. Zusätzlich wird es zu größeren Abweichungen als bisher dort kommen, wo schon eine eigene Handelsbilanz aufgestellt wurde.

Die veröffentlichungspflichtigen Abschlüsse von Aktiengesellschaften, Kommanditgesellschaften auf Aktien und Genossenschaften werden insbesondere durch die höheren Anforderungen an den Anhang (bisher: Erläuterungen, bei Genossenschaften nur ein Geschäftsbericht) für Außenstehende transparenter. Zur erhöhten Transparenz tragen auch einige neue Vorschriften für die Bilanz bei, z.B. die Pflicht zur Angabe der Anschaffungsausgaben aller Anlagegegenstände und des Ausweises der erhöhten steuerlichen Abschreibungen. Soll dennoch ein bestimmter Eindruck beim Leser entstehen, bedarf es weiterer Mittel der Bilanzpolitik.

Zu b): Wo eine eigene Handelsbilanz erstellt wurde, mußten alle steuerlichen Wahlrechte bis auf wenige Ausnahmen bereits in der Handelsbilanz ausgeübt werden (rückwirkende Maßgeblichkeit). Um Steuern zu sparen, zumindest aber einen Steueraubschub zu erreichen, wurden in der Handelsbilanz häufig die Aktiva mit einem niedrigeren, die Passiva mit einem höheren Wert ausgewiesen, als es sogar bei Anlegen eines strengen Maßstabes (Vorsichtsprinzip) erforderlich gewesen wäre. Solange Gewinne im Betrieb bleiben sollten statt ausgeschüttet zu werden, deckten sich die Ziele der

---

1) Zwei der drei Grenzen müssen in zwei aufeinanderfolgenden Jahren überschritten werden.

Politik von Handels- und Steuerbilanz. Wenn es dagegen in schlechten Jahren erwünscht gewesen wäre, dem Bilanzleser ein möglichst wenig schlechtes Bild zu vermitteln, gab es Konkurrenz zwischen diesen beiden Zielen. Weil der Abschluß in Zukunft transparenter wird als früher und bei erheblich mehr Betrieben als bisher veröffentlicht werden muß, nimmt diese Konkurrenz – und damit der Zwang, noch mehr Mittel der Bilanzpolitik einzusetzen – zu. Abb. 20 gibt einen Überblick.

Zusätzlich könnten sich noch einige für den Betrieb nachteilige steuerliche Wirkungen aus den verschärften Vorschriften für den Abschluß ergeben. Sie wären zwar, folgt man der amtlichen Erklärung, ungewollt. Treten sie dennoch ein, so verstärkt sich der Zwang – oder auch nur der Anreiz – zum Ausgleich an anderer Stelle noch mehr Mittel der Bilanzpolitik als bisher einzusetzen. Als Beispiel für mögliche steuerliche Nachteile sei hier nur eine neue Vorschrift genannt: Bisher konnte ein Festwert für Gegenstände des Anlagevermögens sowie für Roh-, Hilfs- und Betriebsstoffe angesetzt werden, wenn sich ihr Bestand in Größe, Zusammensetzung und Wert nur geringfügig von Jahr zu Jahr änderte (§ 40 Abs. 4 Nr. 2 HGB bis 1985). Mit dem BilRG kam als neues Erfordernis hinzu: „wenn ... ihr Gesamtwert für das Unternehmen von nachrangiger Bedeutung ist . . .“ (§ 240 Abs. 3 HGB ab 1985).

Art des Wahlrechts und Posten	--- REGELUNG ---			--- RECHTSGRUNDLAGEN ---		
	HGB 1965 AG 1965	HGB 1985	EStG '82 ESTR '82	HGB 1965 AG 1965	HGB 1985	EStG '82 EStR '82
1. Ansatzwahlrechte						
a) erworbener Firmenwert	Wahl	Wahl	Pflicht	153 (5) A	255 (4)	5 (2) G
b) sonstige erworbene immaterielle WG	Wahl	Pflicht	Pflicht	153 (3) A	248 (2)	5 (2) G
c) Ingangsetzung Geschäftsbetrieb	Wahl	Wahl	Verbot	153 (4) A	269	27.4.70 BGH
d) Erweiterung Geschäftsbetrieb	Verbot	Wahl	Verbot	153 (3) A	269	entspr. c)
e) Disagio nach Kreditaufnahme	Wahl	Wahl	Pflicht	153 (3) A	250 (3)	5 (2) G
f) Pensionsrückstellungen	Wahl	Pflicht[1]	Wahl	27.2.61	249 (1)	6 a (1) G
g) unterlassene Instandhaltung,						
Nachholung 1.-3. Monat neuen jahres	Wahl	Pflicht	Wahl	152 (7)	249 (1)	31 a (6) R
dto. 4.-12. Monat neuen Jahres	Wahl	Wahl	Verbot	1 A	249 (1)	
h) Rückstellung Großreparatur u. ä.	Verbot	Wahl	Verbot	152 (7) A	249 (2)	31 a (6) R
i) Rückstellung für den Ausgleichsanspruch des Handelsvertreters	Pflicht	Pflicht	Verbot	152 (126) ADS	249 (1)	31 a (8) R
andere Meinung dazu:	Wahl	Wahl	Verbot	BGH 11.07	249 (2)	31 a (8) R
j) Preissteigerungs-Rücklage	Wahl	Wahl	Wahl	152 (67) ADS		74 DV
k) Kulanzgarantie-Rückstellung	Wahl	»Pflicht	Wahl	152 (7) A	249 (1)	3.2.1969 BFH
l) Sozialplan-Verbindlichkeiten						
nach Unterrichtung des Betriebsr.	Pflicht	Pflicht	Wahl		249 (1)	31 a (9) R
vor Unterrichtung des Betriebsr.	?	?	Verbot			31 a (9) R
aber nach Planung (Schließ./Umst.)						
2. Bewertungswahlrechte						
a) Gemeinkosten bei Beständen eigener Erzeugnisse						
– Herstell-Gemeinkosten	Wahl	Wahl	Pflicht	153 (2) A	255 (2)	33 R
– Verwaltungs-Gemeinkosten	Wahl	Wahl	Wahl	153 (2) A	255 (2)	33 R
b) Kalk. Zinsfuß bei Pensionsrückstell. 3-6%	3 – 6 %		6 %	ADS 156 (71)	253 (1)	6 a (3) G
c) Steuerliche Wahlrechte z. B.:						
Sofortabschreibung geringw. WG						6 (2) G
degressive Abschreibung				154 (2)		7 (2 – 6) G
Berlinförderungs-Gesetz	Wahl	Wahl	Wahl	155 (3)	254	Berlin FG
Übertragung von Veräuß.gewinnen						6 b G
3. Vereinfachungsverfahren						
a) Festwert	Wahl	Wahl	Wahl	40 (4) HGB	240 (3)	31 (3, 5) R 36 (4) R
b) Gruppenbewertung	Wahl	Wahjl	Wahl	40 (4) HGB	240 (4)	36 (3) R
c) Fiktive Verbrauchs-/Abgangsfolge LIFO, FIFO, HIFO o. ä.)	Wahl	Wahl	Verbot	155 (1)	256	36 (2) R
4. Möglichkeiten der Schätzung						
a) Nutzungsdauer von Anlagevermögen	ja	ja	kaum	154 (28 ff.) ADS	ent- spr.	AfA-Tabellen
b) Bestandsmengen	ja	ja	ja			
c) niedriger Teilwert/beizul. Wert	ja	ja	ja			
d) Forderungsverluste	ja	ja	ja	aus Vorsichtsprinzip ableitbar		
e) droh. Verlust schwebende Geschäfte	ja	ja	ja			
f) droh. Verluste aus lfd. Prozessen	ja	ja	ja			
g) Steuernachzahlungen	ja	ja	ja			

Die Rechtsgrundlagen sind: A: := Aktiengesetz 1965, ADS: := Kommentar Adler/Düring/Schmaltz, Bd. 1, BFH: := Urteile des Bundesfinanzhofs, HGB: := Handelsgesetzbuch, Stand 1965, G: := EStG, Stand 1983, R: : = EStR, Stand 1983, DV: : = Einkommensteuer-Durchführungs-Verordnung, BGH: := Urteile des Bundesgerichtshofs

1) Für „Altzusagen" (vor 1. 1. 1987) besteht das frühere Wahlrecht weiter.

Abb. 20: Beispiele für Wahlrechte im Handels- und Steuerrecht

Stichwortverzeichnis

Zahlen in Fettdruck bezeichnen die Seite, auf der der Begriff definiert, Zahlen in ( ) die, auf der er in einem Test wiederholt wird.

Namensverzeichnis

Literaturverzeichnis

Adler/Düring/Schmaltz („ADS"): Rechnungslegung und Prüfung der Aktiengesellschaft. Handkommentar, Bd. 1 Rechnungslegung, 4. Aufl., hrsg. von: K. Schmaltz u.a., Stuttgart 1968.

Bitz, M., und *A. Geisthardt*: Handelsbilanzen, Kurseinheit 2: Grundzüge der Bilanztheorie. Kurs der Fernuniversität in Hagen.

Brauer, K. M. (Hrsg.): Allgemeine Betriebswirtschaftslehre. 2. Aufl., Würzburg-Wien 1971.

Bührens, J.: Grundlagen des Rechnungswesens. Meisenheim 1984.

Bundesverband der Deutschen Industrie: Gemeinschafts-Richtlinien für die Buchführung. Frankfurt (Main) 1951.

—: Industrie-Kontenrahmen (IKR). Bergisch Gladbach 1971.

Busse von Colbe, W.: Aufbau und Informationsgehalt von Kapitalflußrechnungen. ZfB, Ergänzungsheft 1966, S. 82 ff.

Busse von Colbe, W., u. *G. Laßmann*: Betriebswirtschaftstheorie. Bd. 1, Grundlagen, Produktions- und Kostentheorie, 2. Aufl., Berlin-Heidelberg-New York 1983.

Busse von Colbe, W., und Chmielewicz, K.: Das neue Bilanzrichtlinien-Gesetz, Die Betriebswirtschaft, Heft 3/1986, S. 289 – 347) mit weiteren, ausführlichen Literaturangaben)

Chmielewicz, K.: Integrierte Finanz- und Erfolgsplanung. Stuttgart 1972.

—: Betriebliches Rechnungswesen 1; Finanzrechnung und Bilanz. Reinbeck bei Hamburg 1973.

Döllerer, G.: Handelsbilanz ist gleich Steuerbilanz. In: Der Jahresabschluß im Widerstreit der Interessen. Baetge, J. (Hrsg.), Düsseldorf 1983, S. 157 ff.

Engelhardt, W., u. *H. Raffee*: Grundzüge der doppelten Buchhaltung. 2. Aufl., Wiesbaden 1971.

Gaßmann, R.-E., IdW — Institut der Wirtschaftsprüfer: Zur Geschichte der Rechnungslegung im engeren deutschsprachigen Raum. Katalog zur gleichnamigen Ausstellung des Instituts der Wirtschaftsprüfer, Düsseldorf 1971.

Gutenberg, E.: Einführung in die Betriebswirtschaftslehre. Wiesbaden 1958.

Hanschmann, R., u. *P. Möllers*: Computergestützter Fernstudienkurs, IBM-Nachrichten Nr. 282, Februar 1982, S. 29 ff.

Huch, B.: Einführung in die Kostenrechnung. 6. Aufl., Würzburg-Wien 1981.

Institut der Wirtschaftsprüfer (Hrsgb.): Wirtschaftsprüfer-Handbuch 1985/86, Bd. II, Düsseldorf 1986

Laßmann, G.: s. Busse von Colbe.

Mellwig, W.: Bilanzrechtsprechung und Betriebswirtschaftslehre. BB 1983, S. 1613 ff.

Möllers, P.: Kosten- und Leistungsrechnung. 3. Aufl. Bochum 1983.

—: s. Hanschmann, Rolf.

Ogger, G.: Kauf Dir einen Kaiser. Die Geschichte der Fugger. (Knaur Bestseller), München 1978.

Pacioli, L.: Summa des Arithmetica, Geometria proportioni et proportionalita, 1464. Übersetzung von Penndorf, B.: Abhandlung über die Buchhaltung. Stuttgart 1933.

Penndorf, B.: Geschichte der Buchhaltung in Deutschland. Leipzig 1913.

Reichsoberhandelsgericht: Entscheidungen. Bd. XII, Erlangen 1874.

Rieger, W.: Schmalenbachs dynamische Bilanz. 6. Aufl., Stuttgart-Köln 1954.

Sauermann, H.: Einführung in die Volkswirtschaftslehre. 2. Aufl., Wiesbaden 1972.

Seicht, G.: Bilanztheorien. Würzburg-Wien 1982.

Simon, H. V.: Die Bilanzen der Aktiengesellschaften und der Kommanditgesellschaften auf Aktien. Berlin 1886.

Schär, J. D.: Einführung in das Wesen der Buchhaltung auf wirtschaftlicher und mathematischer Grundlage. 1911.

—: Buchhaltung und Bilanz. 1914.

Scherpf, P.: Der Kontenrahmen. München 1955.

Schmalenbach, E.: Der Kontenrahmen. 5. Aufl., Leipzig 1937.

—: Die doppelte Buchführung. Köln-Opladen 1950.

— : Dynamische Bilanz. 13. Aufl., Köln-Opladen 1962.

Schmidt, F.: Die organische Bilanz im Rahmen der Wirtschaft. Leipzig 1921. unv. Nachdruck Wiesbaden 1979.

— : Die organische Tageswertbilanz. 3. Aufl., Leipzig 1929, unv. Nachdruck Wiesbaden 1951.

Schneider, D.: Geschichte betriebswirtschaftlicher Theorie. Allgemeine Betriebwirtschaftslehre für das Hauptstudium. München-Wien 1981.

— : Rechtsfindung durch Deduktion von Grundsätzen ordnungsmäßiger Buchführung aus gesetzlichen Jahresabschlußzwecken? In: Steuer und Wirtschaft, Heft 2/1983, S. 141—160. (1983a).

— : Wozu eine Reform des Jahresabschlusses? In. Baetge, J. (Hrsg.): Der Jahresabschluß im Widerstreit der Interessen. Düsseldorf 1983 (1983b).

Schneider, E.: Wirtschaftlichkeit. 7. Aufl., Tübingen 1968.

Wöhe, G.: Allgemeine Betriebswirtschaftslehre. 8. Aufl., Berlin-Frankfurt 1968.

Auf den folgenden Seiten:

Anhang 1: Kurzer Kontenplan

Anhang 2: Ausführlicher Kontenplan

Der ausführliche Kontenplan enthält alle Konten, die erforderlich sind, um einen Abschluß

- nach dem Aktiengesetz 1965
- nach dem Bilanzrichtlinien-Gesetz 1985 („HGB 1985)

bei einem Minimum von Aufteilungs-Arbeit (der Kontensaldo muß auf mehrere Abschlußpositionen verteilt werden) zu ermöglichen.

Darüber hinaus enthält der Kontenplan auch alle Konten, die im Einkreis-System (Finanzbuchhaltung und Kostenrechnung führen einheitliche Konten) erforderlich sind. Er ermöglicht damit auch den Abschluß für die Kostenrechnung (Betriebsergebnis, Abgrenzungsergebnis, Verrechnungsergebnis, GuV-Ergebnis).

Die Numerierung der Konten folgt weitgehend dem Gemeinschafts-Kontenrahmen (GKR). Eine Numerierung nach dem Industrie-Kontenrahmen (IKR) wäre jedoch jederzeit möglich, ohne daß Konten geteilt werden müßten.

Der Kontenplan wird seit 1977 in allen Kursen zum betrieblichen Rechnungswesen der Fernuniversität in Hagen verwendet. Die verwendeten Computerprogramme erstellen aus den Kontensalden automatisch den Entwurf für Bilanz und Gewinn- und Verlustrechnung; jedes Konto enthält zusätzlich zu seiner Konto-Nummer die Nummer der Abschluß-Position, wie sie auch im folgenden Kontenplan in den beiden rechten Spalten — sowohl für den Abschluß nach Aktiengesetz 1965 als auch nach dem Bilanzrichtlinien-Gesetz 1985 — aufgeführt ist.

Es wurden die Positionen nach dem Bilanzrichtlinien-Gesetz für große prüfungspflichtige Unternehmen genannt. Soweit sich aus den ergänzenden Bestimmungen eine weitere Unterteilung ergibt, wurde sie sofort vorgenommen. Dann ist zusätzlich auf die entsprechende Stelle im HGB hingewiesen (Stand: Bilanzrichtlinien-Gesetz, Entwurf 1983, Bundestags-Drucksache 10/317.)

Kto. Nr.	Kontenbezeichnung	Beispiel in Abschn.
0..	**Klasse 0: Anlagen, langfr. Kapital, RAP**	
00.	**Gruppe 00: Grundstücke und Gebäude**	
001	... mit Geschäfts-, Fabrik- u.a. Bauten	6.1.2
006	Grundstücke ohne Bauten	6.1.2
01.	**Gruppen 01 bis 04: bewegliches Anlagevermögen**	
010	Maschinen und maschinelle Anlagen	6.1.2
030	Betriebs- und Geschäftsausstattung	3
	Gruppe 06: langfristiges Fremdkapital	
064	Anleihen gegenüber Kreditinstituten, durch Grundpfandrechte gesichert	064
07.	**Gruppe 07: Eigenkapital**	
070	Eigenkapital	2.2
	Gruppen 8 und 9: Wertberichtigung, Rückstellungen, RAP u.a.	
080	Wertberichtigungen auf das Sachanlagevermögen	6.1.1
081	Wertberichtigungen auf das Finanzanlagevermögen	6.1.1
082	Rückstellungen für ungewisse Steuerverpflicht.	6.5.3
083	Rückstellungen für latente Steuern	6.5.3
084	Rückstellungen für Großreparaturen	6.5.3
085	Rückstellungen für Pensionen u.ä. Verpflicht.	6.5.3
086	Rückstellungen für unterlassene Instandhaltung, Nachholung in drei Monaten	6.5.3
087	dto., Nachholung in vier bis zwölf Monaten	6.5.3
088	Rückstellung für Gewährleistung ohne rechtliche Verpflichtung	6.5.3
089	Sonstige Rückstellungen	6.5.3
090	Abgrenzung für Steuern	6.1.3
091	Sonderposten mit Rücklageanteil aus Buchgewinnen (§ 6b EStG u.a.)	6.1.5
092	dto., gem. § 247(2) HGB	6.1.5
097	Disagio von Verbindlichkeiten und Anleihen	6.5
098	Aktive Rechnungsabgrenzung	3.3
099	Passive Rechnungsabgrenzung	6.5
1..	**Klasse 1: Finanz-Umlaufverm., kurzfr. Verbindl.**	
10.	**Gruppen 10 bis 13: Zahlungsmittel**	
100	Kasse	2.2
110	Postgiro	3.4
113	Bankgiro	2.2
125	Besitzwechsel	4.2
14.	**Gruppen 14 und 15: Forderungen des Umlaufverm.**	
140	Forderungen aus Lieferungen und Leistungen (L+L)	4.1
141	dubiose Forderungen	6.3
150	geleistete Anzahlungen	6.3
155	Vorsteuer	4.3
158	Sonstige Vermögensgegenstände des Umlaufverm.	
159	Pauschalwertberichtigungen auf Forderungen	6.3
16.	**Gruppen 16 bis 18: kurzfristige Verbindlichk.**	
160	Verbindlichkeiten aus Lief. + Leistungen (L+L)	2.2

171	Lohn- + Kirchensteuer, einbehalten + abzuführen	5.2
172	Soz.vers.beitr., einbeh. Arb.geb.ant., abzuführ.	5.2
173	erhaltene Anzahlungen	6.4
175	Mehrwertsteuer	4.3
177	Mehrwertsteuer-Verrechnungskonto	4.3
178	sonstige Verbindlichkeiten	6.5
180	Schuldwechsel	4.2
2..	**Klasse 2: Aufwendungen und Erträge**	
20.	**Gruppen 20 bis 22: betriebs-/periodenfremd, a.o.**	
200	betriebsfremde Aufwendungen	5.3
205	betriebsfremde Erträge	5.3
220	Verlust aus Abgang von Anlagevermögen	6.1.2
221	betrieblicher, außerordentlicher Aufwand	6.1.2
222	periodenfremder Aufwand	6.1.2
224	Einstell. in Sonderposten gem. § 247 (3) HGB	6.1.7
225	Ertrag aus Abgang von Anlagevermögen	6.1.3
226	periodenfremder Ertrag	6.3
228	Ertrag aus der Auflösung von Rückstellungen	6.5.3
23.	**Gruppen 23 und 24: Abschreibung und Zins**	
230	Abschreibung auf Sachanlagen	6.1.1
232	Abschr. auf Forderungen/Einstell. Pauschalwertb.	6.3
240	Zinsen u.ä. Aufwand	4.2
244	gewährte Skonti	5.1
245	Zinsen u.ä. Ertrag	4.2
247	erhaltene Skonti	5.1
29.	**Gruppe 29: ergebnisabhängige Steuern u.ä.**	
290	Steuern vom Einkommen, Ertrag + Vermögen	6.5.3
3..	**Klasse 3: Roh-, Hilfs- ... stoffe, Handelsware**	
300	Roh-, Hilfs- und Betriebsstoffe	4.4
390	Handelsware	2.2
4..	**Klasse 4: Kostenarten**	
43.	**Gruppen 43 und 44: Personalkosten**	
430	Löhne und Gehälter	5.2
440	Arbeitgeber-Beiträge zur Sozialversicherung	5.2
441	freiw. Aufwand für Altersversorgung und ...	6.5.3
46.	**Gruppen 46 und 47: sonstige Kosten**	
460	betriebliche Steuern	6.4
470	sonstige Kosten	4.3
7..	**Klasse 7: eigene Erzeugnisse**	
700	unfertige eigene Erzeugnisse	6.2
750	fertige eigene Erzeugnisse	6.2
8..	**Klasse 8: Umsatz**	
850	Umsatzerlöse für Handelsware	2.4
9..	**Klasse 9: Abschluß**	
989	Gewinn- und Verlustkonto	2.5
998	Anfangs-(Eröffnungs-)bilanzkonto	2.3
999	Schlußbilanzkonto	2.2
SAA	Sammelkonto alle Aufwendungen	2.5

KONTENPLAN

(in Anlehnung an den Gemeinschafts-Kontenrahmen)

Kto. Nr.	Kontenbezeichnung	Position nach AG Abschluß	Position nach BilRichtlGes
0	*Kontenklasse 0 – Anlagen, langfristiges Kapital, RAP*		
	Kontengruppe 00 – Grundstücke und Gebäude		
001	Grundstücke und grundstücksgleiche Rechte mit Geschäfts-, Fabrik- und anderen Bauten	Aktiv II.A.1	Aktiv A.II.1
006	Grundstücke ohne Bauten	Aktiv II.A.2	Aktiv A.II.2
	Kontengruppe 01 bis 04 – bewegliches Anlagevermögen		
010	Maschinen und maschinelle Anlagen	Aktiv II.A.5	Aktiv A.II.2
030	Betriebs- und Geschäftsausstatttung (u. a. Fahrzeuge, Werkzeug)	Aktiv II.A.6	Aktiv A.II.3
040	Sachanlagen im Bau und Anzahlungen auf materielle Anlagen	Aktiv II.A.7	Aktiv A.II.4
041	Anzahlungen auf immaterielle Anlagen	Aktiv II.A.7	Aktiv A.I.3
	Kontengruppe 05 – sonstiges Anlagevermögen		
050	Konzessionen, gewerbliche Schutzrechte und ähnliche Rechte sowie Lizenzen an solchen Rechten und Werten	Aktiv II.A.8	Aktiv A.I.1
051	Ingangsetzung und Erweiterung des Geschäftsbetriebes (nach AG '65 nur Ingangsetzung aktiv-fähig	Aktiv II.A.8a	Aktiv vor A; § 269
052	erworbener Firmenwert	Aktiv II.A.8b	Aktiv A.I.2
053	Anteile an verbundenen Unternehmen	Aktiv II.B.1	Aktiv A.III.1
054	Beteiligungen	Aktiv II.B.1	Aktiv A.III.3
055	sonstige Wertpapiere des Anlagevermögens	Aktiv II.B.2	Aktiv A.III.5
056	Ausleihungen, nicht durch Grundpfandrechte gesichert	Aktiv II.B.3	Aktiv A.III.6
057	dto., durch Grundpfandrechte gesichert	Aktiv II.B.3	Aktiv A.III.6
058	Ausleihungen an verbundene Unternehmen	Aktiv II.B.2	Aktiv A.III.2
059	dto., an Unternehmen, mit denen ein Beteiligungsverhältnis besteht	Aktiv II.B.2	Aktiv A.III.4
	Kontengruppe 06 – langfristiges Fremdkapital		
060	Anleihen gegenüber Nicht-Kreditinstituten, nicht durch Grundpfandrechte gesichert	Passiv V.1.a	Passiv C.1
061	dto., durch Grundpfandrechte gesichert	Passiv V.1.b	Passiv C.1
063	Anleihen gegenüber Kreditinstituten, nicht durch Grundpfandrechte gesichert	Passiv V.2.a	Passiv C.2
064	dto., Durch Grundpfandrechte gesichert	Passiv V.2.b	Passiv C.2

Kto. Nr.	Kontenbezeichnung:	Position nach AG Abschluß	Position nach BilRichtlGes
	Kontengruppe 07 – Eigenkapital		
	für Kapitalgesellschaften:		
070	gezeichnetes Kapital	Passiv I	Passiv A.I
071	aussteh. Einlagen auf das gezeichnete Kapital, soweit noch nicht eingefordert	Aktiv I	Aktiv vor A bzw. Passiv A.I
072	aussteh. Einlagen auf das gezeichnete Kapital, soweit schon eingefordert	Aktiv I	Aktiv vor A
073	Kapitalrücklage (aus Agio bei Erhöhung u. a.)	Passiv II.1	Passiv A.II
074	gesetzliche Gewinnrücklage	Passiv II.1	Passiv A.III.1
075	Rücklage für eigene Anteile	Passiv II.1.a	Passiv A.III.2
076	satzungsmäßige Rücklagen	Passiv II.1.b	Passiv A.III.3
077	andere (freie) Gewinnrücklage	Passiv II.2	Passiv A.III.4
078	Gewinnvortrag / Verlustvortrag	GuV 29	Passiv A.IV
079	Bilanzgewinn	Passiv VII	Passiv A.V
	Bilanzverlust	Aktiv V	Passiv A.V
	Jahresüberschuß/Jahresfehlbetrag	GuV 28	Passiv A.V
	für Personengesellschaften / Einzelunternehmen		
070	Eigenkapitalkonto Gesellschafter A		
071	Eigenkapitalkonto Gesellschafter B		
	Kontengruppen 08 und 09 – Wertberichtigungen, Rückstellungen, RAP u. a.		
080	Wertberichtigungen auf das Sachanlagevermögen	Passiv III.a	direkt absetzen
081	Wertberichtigungen auf das Finanzanlagevermögen	Passiv III.b	direkt absetzen
082	Rückstellungen für Steuern	Passiv IV.2.a	Passib B.2.a
083	Rückstellungen für latente Steuern	passiv IV.2.a	Passib B.2.b
084	Rückstellungen für Großreparaturen u. ä.	verboten	passiv B.3.a; § 249 (2)
085	Rückstellungen für Pensionen u. ä. Verpflichtungen	Passiv IV.1	Passiv B.1
086	Rückstellungen auf unterlassene Instandhaltung, Nachholung in drei Monaten	Passiv IV.2.b	Passiv B.3.b; § 249 (1)
087	Rückstellung auf unterlassene Instandhaltung, Nachholung in vier bis zwölf Monaten	Passiv IV.2.c	Passiv B.3.c; § 249 (1)
088	Rückstellung für Gewährleistung ohne rechtliche Verpflichtung	Passiv IV.2.d	Passiv B.3.d; § 249 (1)
089	sonstige Rückstellungen	Passiv IV.2.e	Passiv B.3.e
090	Abgrenzung für Steuern gem. § 274 (2) HGB	– – – –	Aktiv C.3
091	Sonderposten mit Rücklageanteil aus Buchgewinnen (§ 6b EStG u. a.)	Passiv II.a	Passiv A.II.c
092	dto., gem. § 247 (3)	– – – –	Passiv A.II.d
095	kurzfristige Abgrenzung		
096	aktive Rechnungsabgrenzung: als Abgrenzung berücksichtigte Verbrauchs- und Umsatzsteuer auf Vorräte	– – – –	Aktiv C.c; § 250 (1)
097	aktive Rechnungsabgrenzung: Disagio	Aktiv IV.b	Aktiv C.b; § 250 (2)
098	andere aktive Rechnungsabgrenzung	Aktiv IV.a	Aktiv C.a
099	passive Rechnungsabgrenzung	Passiv VII	Passiv D

Kto. Nr.	Kontenbezeichnung:	Position nach AG Abschluß	Position nach BilRichtlGes
1	*Kontenklasse 1 – Finanz-Umlaufvermögen und Verbindlichkeiten*		
	Kontengruppen 10 bis 13 – Zahlungsmittel und Wertpapiere des Umlaufvermögens		
100	Kasse	Aktiv III.B.5	Aktiv B.IV
110	Post-Giro-Konto	Aktiv III.B.5	Aktiv B.IV
113	Bank-Giro-Konto, wenn Guthaben	Aktiv III.B.6	Aktiv D.4
	dto., wenn Verbindlichkeit	Passiv VI.3	Passiv C.2
120	Besitzschecks	Aktiv III.B.4	Aktiv B.4
125	Besitzwechsel, soweit aus Lieferungen und Leistungen stammend	Aktiv III.B.3	Aktiv B.II.1
130	Wertpapiere des Umlaufvermögens, soweit nicht Konten 120, 125	Aktiv III.B.7	Aktiv B.III.3
137	eigene Anteile	Aktiv III.B.8	Aktiv B.III.2
138	Anteile an verbundenen Unternehmungen	Aktiv III.B.9	Aktiv B.III.1
	Kontengruppen 14 bis 15 – Forderungen des Umlaufvermögens		
140	Forderungen aufgrund von Lieferungen und Leistungen, soweit sie als einwandfrei angesehen werden, mit ihrem Nominalwert	Aktiv III.B.2	Aktiv B.II.1
141	dto., soweit sie nicht als einwandfrei gesehen werden (Dubiose, mit ihrem wahrscheinlichen Wert)	Aktiv III.B.2	Aktiv B.II.1
150	geleistete Anzahlungen, soweit sie nicht auf gekaufte, aber noch nicht gelieferte Anlagen geleistet wurden	Aktiv III.B.1	Aktiv B.I.4
151	Forderungen gegen verbundene Unternehmen	Aktiv III.B.10	Aktiv B.II.2
152	Forderungen gegen Unternehmen, mit denen ein Beteiligungsverhältnis besteht	Aktiv III.B.10	Aktiv B.II.3
153	Forderungen an Vorstandsmitglieder	Aktiv III.B.11.a	Aktiv B.II.4.a
154	Forderungen Aufsichtsratsmitglieder	Aktiv III.B.11.b	Aktiv B.II.4.b
155	Mehrwertsteuer (-Forderungen gegen das Finanzamt)	Aktiv III.B.12	Aktiv B.II.4.c
158	sonstige Vermögensgegenstände des Umlaufvermögens (z. B. sonstige Forderungen)	Aktiv III.B.12	Aktiv B.II.4.d
159	Pauschalwertberichtigungen zu Forderungen (soweit diese als einwandfrei angesehen werden) wegen des allgemeinen Kreditrisikos, das dennoch in diesen Forderungen enthalten ist	Passiv III.2	direkt absetzen
	Kontengruppen 16 bis 18 – Verbindlichkeiten mit einer (ursprünglichen) Laufzeit von weniger als 4 Jahren		
160	Verbindlichkeiten aus Lieferungen und Leistungen	Passiv VI.1	Passiv C.4
170	Verbindlichkeiten aus Steuern soweit nicht 171, 175, 177	Passiv VI.6	Passiv C.8.a
171	einbehaltene Lohn- und Kirchensteuer, an das Finanzamt abzuführen	Passiv VI.6	Passiv C.8.b
172	einbehaltene Sozialversicherungsbeiträge sowie Arbeitgeberbeiträge hierzu, an die Sozialversicherungsträger abzuführen	Passiv VI.6	Passiv C.8.c
173	erhaltene Anzahlungen auf Bestellungen	Passiv VI.4	Passiv C.3
174	Verbindlichkeiten gegenüber verbundenen Unternehmen	Passiv VI.5	Passiv C.6
175	den Kunden in Rechnung gestellte Mehrwertsteuer, an das Finanzamt abzuführen	Passiv VI.6	Passiv C.8.b

Kto. Nr.	Kontenbezeichnung:	Position nach AG Abschluß	Position nach BilRichtlGes
177	Mehrwertsteuer-Verrechnungskonto	Passiv VI.6	Passiv C.8.b
178	sonstige Verbindlichkeiten	Passiv VI.6	Passiv C.8.a
179	Verbindlichkeiten gegenüber Unternehmen, mit denen ein Beteiligungsverhältnis besteht	Passiv VI.5	Passiv C.7
180	Schuldwechsel	Passiv VI.2	Passiv C.5
181	Verbindlichkeiten gegenüber Kreditinstituten	Passiv VI.3	Passiv C.2
	Kontogruppe 19 – Privatkonten, Sammelkonten		
190	Privatkonto, Gesellschafter A	– – – –	– – – –
191	dto., Gesellschafter B	– – – –	– – – –
199	Sammelkonto Finanzbuchhaltung	– – – –	– – – –
2	*Kontenklasse 2 – Aufwendungen und Erträge, soweit weder Material noch Grundkosten / Grundleistung*		
	Kontengruppe 20 – Betriebsfremde Posten		
200	betriebsfremde Aufwendungen	trennen	GuV 16
205	dto., Erträge	trennen	GuV 15
	Kontengruppe 22 – Außerordentliche und periodenfremde Aufwendungen und Erträge		
220	Verlust aus dem Abgang von Gegenständen des Anlagevermögens	GuV 22	GuV 8.b
221	Außerordentlicher Aufwand	trennen	trennen
222	Periodenfremder Aufwand (in gew. betr. Tätigkeit)	trennen	GuV 8b
224	Einstellung in Sonderposten gem. § 247 (3) HGB	– – – –	GuV 8c
225	Erträge aus dem Abgang von Gegenständen des Anlagevermögens und aus Zuschreibungen zu Gegenständen des Anlagevermögens	GuV 11	GuV 4.b
226	Erträge aus der Herabsetzung der Pausch.wertb. Ford.	GuV 12	GuV 4.b
	Periodenfremde Erträge soweit nicht Kto. 225	– – – –	GuV 4b
227	Außerordentliche Erträge	trennen	GuV trennen
228	Erträge aus Auflösung / Herabsetzung von Rückstellung	GuV 13a	GuV 4b
229	Erträge aus der Auflösung von Sonderpost. m. Rückl. ant.	GuV 13b	GuV 4b
	Kontengruppe 23 – Bilanzielle Abschreibungen und Wertberichtigungen		
230	Abschreibungen und Wertberichtigungen auf Sachanlagen und immaterielle Anlagewerte	GuV 19	GuV 7a
231	dto., auf Finanzanlagen	GuV 20	GuV 12
232	Einstellungen in die Pauschalwertberichtigungen auf Forderungen (Abschreibungen auf Forderungen, die aus dem Vorjahr resultieren, sind zu Lasten des Kontos 159 und wenn dieses erschöpft ist, zu Lasten des Kontos 222 vorzunehmen), Verluste aus Wertminderungen oder dem Abgang von Gegenständen des Umlaufvermögens außer Vorräten, Abschreibung auf Forderungen	GuV 21	GuV 8a

Kto. Nr.	Kontenbezeichnung:	Position nach AG Abschluß	Position nach BilRichtlGes
234	Abschreibungen auf das Umlaufvermögen außer Wertpapieren, soweit sie die üblichen Abschr. überschr.	– – – –	GuV 7b
	Kontengruppe 24 – Zinsen, Skonti u. ä. Posten		
240	Zins- und ähnliche Aufwendungen (z. B. Diskont, Kreditprovision, Bearbeitungsgebühren für Kredite u. ä.	GuV 23	GuV 13
244	gewährte Skonti und ähnliche Nachlässe („Kundenskonti")	GuV 1	GuV 1
245	Zins- und ähnliche Erträge (z. B. Diskont)	GuV 10	GuV 11
246	Erträge aus anderen Finanzanlagen außer Beteiligungen	GuV 9	GuV 10
247	erhaltene Skonti und ähnliche Nachlässe („Lieferantenskonti")	GuV 5	GuV 5a
248	Erträge aus Beteiligungen (soweit nicht betriebsfr.)	GuV 8	GuV 9
	Kontengruppe 25 – Normale betriebliche Wagnisse		
250	Aufwendungen aus eingetretenen Wagnissen, soweit sie nicht durch Versicherungen gedeckt sind und weder außerordentlich sind, noch Forderungsverluste; z. B. Transportschäden, Autounfälle, Diebstahl, Einbruch, Wasser, Feuer, Sturm. Auch: drohende Verluste aus schwebenden Geschäften	GuV 26	GuV 8a
255	nachträglich erhaltene Versicherungsentschädigungen u. ä. zu Aufwendungen aus eingetretenen Wagnissen	GuV 14	GuV 4b
	Kontengruppen 26 – Kalk. Aktiva; Gegenbuchungen zu kalk. Kosten		
260	Ausgaben zur Schafffung immateriellen Anlagevermögens soweit es nicht aktiviert wird („Kalk. Aktiva")	trennen	trennen
	Kontengruppe 29 – Das Unternehmen als Ganzes betreffende Posten		
290	Steuern von Einkommen und Ertrag, die Berichtsperiode betreffend, z. B. Körperschaftssteuer, Gewerbesteuer, nicht jedoch Einkommensteuer der Gesellschafter / des Inhabers	GuV 24a	GuV 18a
291	dto., jedoch Nachzahlungen für frühere Periode, soweit nicht aus Rückstellungen gedeckt	GuV 24a	GuV 18b
293	sonstige Steuern, soweit nicht Zweckaufwand (vgl. Kto. 460)	GuV 24b	GuV 19
293	Aufwand aus Verlustübernahme; abgeführte Gewinne	GuV 25	GuV 16 idR
294	Einstellungen in Sonderposten mit Rücklageanteil	GuV 25a	GuV 8c
295	Ertrag aus Gewinnübernahme	GuV 7	GuV 15 idR
296	Ertrag aus Verlustabführung	GuV 15	GuV 15
299	Sonstige Aufwendungen und Erträge	trennen	trennen

Kto. Nr.	Kontenbezeichnung:	Position nach AG Abschluß	Position nach BilRichtlGes
3	*Kontenklasse 3 – Roh-, Hilfs- und Betriebsstoffe, Handelsware*		
300	Roh-, Hilfs- und Betriebsstoffe einschl. Eingangsfrachten u. ä. dafür, als Konto der Finanzbuchhaltung geführt	Aktiv III.A.1	Aktiv B.I.1
	(Die Aufwendungen für Roh-, Hilfs- und Betriebsstoffe erscheinen)	GuV 5	GuV 5a
320	Aufwendungen für bezogene Leistungen (z. B. Lohnveredlung)	GuV 5	GuV 5b
350	nur für die Kostenrechnung: Gegenkonto zu Buchungen auf dem Konto 401	– – – –	– – – –
390	Handelsware („Wareneinkaufskonto" WEK) einschl. Eingangsfrachten u. ä.	Aktiv III.A.3	Aktiv B.I.1
	(Die Aufwendungen – Einstandspreis der verkauften Waren erscheinen)	GuV	5GuV 5a
4	*Kontenklasse 4 – Kostenarten*		
	Kontengruppen 40 bis 42 – Materialkosten		
400	Verbrauch von Roh-, Hilfs- und Betriebsstoffen, soweit als Zweckaufwand gebucht	GuV 5.	GuV 5a
401	nur für die Kostenrechnung: Verbrauch von Roh-, Hilfs- und Betriebsstoffen, soweit mit Verrechnungspreisen bewertet, also nicht als Zweckaufwand gebucht	– – – –	– – – –
	Kontengruppen 43 und 44 – Personalkosten		
430	abgerechnete Löhne und Gehälter	GuV 16	GuV 6a
440	Arbeitgeberanteile zur Sozialversicherung, Aufwendungen für Unterstützung	GuV 17	GuV 6b
441	Aufwendungen für Altersversorgung	GuV 18	GuV 6b
449	Sammelkonto Personal-Grundkosten	GuV 16 – 18	GuV 6
	Kontengruppen 45 bis 47 – Sonstige Grundkosten		
460	Betriebliche Steuern der Rechnungsperiode, soweit nicht in der Kontengruppe 29 auszuweisen, z. B. KFZ-Steuer, Biersteuer, Wechselsteuer, Gewerbesteuer[1], Grundsteuer für betrieblich genutzte Grundstücke, Gesellschaftssteuer	GuV 24b	GuV 19
470	Sonstige Grundkosten (Sonstiger Zweckaufwand), z. B. Büro, Porto, Telefon, Mieten, Werbung, Provisionen, Versicherung, Heizung, Benzin, Reparaturen und Instandhaltung, Beratung, Prüfung, Reisen, Versicherung, Kontoführung, Ausgangsfracht (*Eingangsfracht u. ä. für Roh-, Hilfs- u. Betriebsstoffe auf Konto 300, für Handelsware auf Konto 390 buchen*)	GuV 26	GuV 8a
	Kontengruppe 48 – Kalkulatorische Kosten		
480	Kalkulatorische Abschreibungen auf Anlagen		
481	Kalkulatorische Zinsen		
482	Kalkulatorische Wagnisse aus nicht versicherten Risiken		
483	Kalkulatorischer Unternehmerlohn		
484	Kalkulatorische Miete		

1) Die Erfassung der Gewerbesteuer kann auch auf dem Konto 290 erfolgen.

Kto. Nr.	Kontenbezeichnung:	Position nach AG Abschluß	Position nach BilRichtlGes
5	*Kontenklasse 5 – nur für die Kostenrechnung: Kostenstellen*		
500	Allgemeine Kostenstelle		
501	Arbeitsvorbereitung		
510	Stanzerei und Presserei		
511	Fräserei		
512	Dreherei		
513	Endmontage		
520	Einkauf und Material		
530	Verwaltung und Vertrieb		
540	Einzelkosten		
	Kontenklasse 6 – frei		
7	*Kontenklasse 7 – eigene Erzeugnisse (Bestände)*		
700	unfertige Erzeugnisse (Halbfabrikate), unfertige Leistungen	Aktiv III.A.2	Aktiv B.I.2
750	fertige Erzeugnisse (Fertigfabrikate)	Aktiv III.A.3	Aktiv B.I.3
799	Sammelkonto fertige u. unfertige eigene Erzeugnisse	Aktiv III.A.2 + 3	Aktiv B.I.2 + 3
8	*Kontenklasse 8 – Umsatz und sonstige Zweckerträge*		
830	Umsatzerlöse für eigene Erzeugnisse	GuV 1	GuV 1
831	Umsatzerlöse für eig. Erzeugnisse, Absatzsegment 1	GuV 1	GuV 1
832	Umsatzerlöse für eig. Erzeugnisse, Absatzsegment 2	GuV 1	GuV 1
833	Umsatzerlöse für eig. Erzeugnisse, Absatzsegment 3	GuV 1	GuV 1
850	dto., für Handelsware („Warenverkaufskonto, WVK“)	GuV 1	GuV 1
860	Provisionserträge	GuV 1/14	GuV 1/4a
870	andere aktivierte Eigenleistungen (z. B. selbstgebaute Anlagen)	GuV 3	GuV 3
890	Erhöhung oder Verminderung des Bestandes an eigenen fertigen und unfertigen Erzeugnissen (Bestandsänderungen)	GuV 2	GuV 2
9	*Kontenklasse 9 – Abschlußkonten*		
970 – 979	nur für die Kostenrechnung: Ergebniskonten von Absatzsegmenten (z. B. Produktgruppen)		
980	Betriebsergebniskonto		
985	Verrechnungsergebnis (Normal-/Plan- minus Istkosten)		
986	Abgrenzungsergebnis (Aufwand/Ertrag minus Kosten/Leistung)		
989	Gewinn- und Verlustkonto		
998	Eröffnungsbilanzkonto		
999	Schlußbilanzkonto		

Angebot an Dozenten

Sehr geehrte Damen und Herren,

das vorliegende Lehrbuch ist aus meinen Vorlesungen und Übungen zum betrieblichen Rechnungswesen entstanden. Es dürfte geeignet sein, den Studierenden bei einem Angebot von 3 Semester-Wochenstunden auch dann die notwendigen Kenntnisse und Fertigkeiten der Finanzbuchhaltung zu vermitteln, wenn sie noch keinerlei Vorkenntnisse, weder in der Betriebswirtschaftslehre noch in der Betriebspraxis, haben.

In meinen eigenen Übungen gehe ich nach diesem Lehrbuch vor. Ich ergänze es allerdings nach jeweils drei Stunden durch einen Computer-Test, dessen Ergebnisse am nächsten Tag vorliegen. Für die Studierenden geben die Testergebnisse jeweils eine schnelle Rückmeldung über den erzielten (oder den noch verbesserungsfähigen) Lehrerfolg.

Zum Schluß der Übung werden zwei Klausuren von je 180 Minuten Dauer geschrieben:

- Eine Übungsklausur zur Rückmeldung für die Studierenden. Sie erkennen dann insbesondere, ob sie die in ca. einer Woche zu schreibende echte Klausur in der verfügbaren Zeit werden bearbeiten können oder nicht.
- Eine echte Klausur.

Sowohl die Computer-Tests als auch die beiden Klausuren werden mit einem Fortran-Programm ausgewertet. Alle Fragen werden in multiple-choice-Form gestellt und beantwortet. Das Programm läßt — im Unterschied zu den üblichen Programmen — bis zu zehn Antwortvarianten zu. Es können also auch Zahlen abgefragt werden.

Wenn Sie mein Lehrbuch auch für Ihre Vorlesung, Ihre Übung oder Ihren Kurs zur Buchhaltung einsetzen wollen, überlasse ich Ihnen gern

- die Musterlösungen zu den Tests und Übungsaufgaben in diesem Buch
- die von mir verwendeten Computertests
- die von mir verwendeten Klausuren
- Listenbilder des Fortran-Programms.

Der Physica-Verlag wird Ihnen diese Unterlagen zusenden, wenn Sie den unteren Abschnitt ausfüllen. Gern höre ich auch von Ihnen Ihr Urteil und Ihre Anregungen für Verbesserungen zu meinem Buch.

Physica-Verlag, Tiergartenstraße 17, 6900 Heidelberg.

Ich möchte das Buch „Möllers: Buchhaltung und Abschluß" als Lehrbuch für meine Hörer in meiner Vorlesung/Übung/in meinem Kurs

an der

einsetzen. Ich rechne mit ca. Hörern. Für die Zusendung der angebotenen Dozenten-Unterlagen wäre ich dankbar.